20代からの
自分を強くする
あかさたな はまやらわ
の法則

TAGUCHI HISATO
田口久人

三笠書房

はじめに

悩んだとき、迷ったときの「答え」がここにある

20代の人達から相談を受けていると同じような悩みを聞くことがあります。

「何をしたら良いのかわからない、自分のやりたいことがわからない」
「このままで本当に良いのだろうか」
「頑張っているのにうまくいかない」

もしかすると、あなたも同じ悩みを抱えていませんか。
そのような不安を抱えていると、自信を失ってしまい、人生を楽しめません。
こうした悩みを全て解消できるのが本書です。
20代のときにぶつかる壁を乗り越える考え方や方法を紹介しています。

私も20代のときに同じような悩みを抱えながら、
壁にぶつかり、その度に悩み、数々の失敗をしてきました。

仕事が忙しいことを言い訳に自分と向き合わなかったこと。
必要以上に失敗を恐れてしまい、やりたいことに挑戦しなかったこと。
まわりの人を信じることができず、1人で必死に頑張っていたこと。
特に私の20代はキャリアコンサルタントとして独立して、働いていたことから、
会社員の時には想像できないような事態が起こり、試行錯誤を繰り返していました。

失敗を経験することで学べることはたくさんあります。
とはいえ、この本を手にとってくれたあなたには、
私と同じような失敗をして欲しくありません。

そのような想いから、私自身の20代の頃の失敗、
２０００人以上のキャリアカウンセリングで学んだこと、
講演・セミナーで伝えてきたことなどをまとめたのが、
「あかさたなはまやらわ」の法則です。

この法則をフェイスブックで紹介すると、瞬《また》く間にシェアされ、
おおよそ10万人以上の方からの「いいね！」を頂くことになりました。
中学校、高等学校や大学の就職課、職業訓練校で紹介されることもありました。
「あかさたなはまやらわ」の法則を知った20代の方からは、
このような感想を頂いています。

「1日1回読み返す価値ありです」
「気分が落ち込んでいる時や悩んだ時、この法則を読んで自分と向き合っています」
「何だか忘れていた大切なことを思い出させて頂きました」
「何故か泣きながら読んでしまいました」

また、20代の方よりも30代以上の方からの反響が大きく、

「早く知りたかった」「これからでも役立つ」といった感想をたくさん頂いています。


「（法則を）見直すことや学ぶこと、気に留めるだけで10年後、全然違うと思います」

「仕事をしてよく思うのが『早く知っておけばよかった』ということ。

なるほどと思わせられるものばかりでした」

「20代にこの法則を知っていれば、今の人生はもっと変わっていただろう」

「20代の頃に誰かにこんな事を言ってもらえたり、これを見ていれば、もしかしたら、
もう少し心にゆとりができて、他人に優しくできたんじゃないかと思います」

自分自身で実際に経験してみるまでは、
なかなか理解できない法則もあるかもしれません。
また、すべての法則を実践するのは難しいかもしれません。
とはいえ、1つでも心がけて行動すれば、あなたの人生が良い方向に進むでしょう。

まずは自分の名前のひらがなの法則を心がけるのも良いです。
自分にとって必要なことや大切にしていることを表わしているようにも思えます。

（例）【た】他人の意見は無責任であること
【く】苦しいときこそ諦めないこと
【ち】小さなことで大騒ぎしないこと
【ひ】1人で頑張るのには限界があること
【さ】最低限のお金がないと自信を失うこと
【と】どんな状況でも家族は裏切らないこと

本書では「あかさたなはまやらわ」の法則を実践しやすいように、ワークシートを収録しています。
書き込むだけで自分の人生を考える際に大切な、強み、価値観、やりたいことが見え、自信が湧《わ》いてきます。

20代は、自分の理想の未来を手に入れるために大切な時期です。
自分と向き合い、目標に向かって努力し続けることでその後の人生が決まります。
本書があなたの20代、そして、これからを楽しむためにお役に立てれば幸いです。

田口久人

CONTENTS

WORK SHEET〈ワークシート〉の使い方

How to Use Work Sheet

本書では学んだだけで終わらせないように各法則に1つずつワークシートを収録しています。記入する際の注意事項を紹介します。

(1) 思いついたことを書くこと

「このような回答でも良いのか」と悩むこともあるかもしれませんが、質問を見て思いついたことをそのまま記入しましょう。

(2) 同じ回答でも書くこと

質問によって他の質問で回答した内容と同じことを思い浮かべるかもしれませんが、気にせず記入しましょう。それがあなたにとって大切なことかもしれません。

(3) 具体的に書くこと

何をすればよいのか明確になっていないと行動できません。例えば、「英語の勉強をする」と記入した場合、どれくらい勉強するのか、「どのように勉強するのか」など「HOW（どのように）」と自分自身に問いかけて、具体的に考えましょう。

もしも、質問に回答できない場合は気にする必要はありません。今まで考えていないのか、考えるための情報がないのかもしれません。すぐに回答できないのであれば、そのもやもやした気持ちを解消できるために行動しましょう。

ワークシートの次のページでは回答例を紹介していますので参考にして下さい。

ただし、真似したり、合わせようとせず、できるだけゼロベースで考えましょう。

記入日の状況や環境によって回答が変わる可能性があるため各質問に対して記入スペースが2つあります。1度に全て記入せずに数カ月後、1年後など時間を置いてから記入するのも良いです。

もしも、同じ質問で同じ回答であれば、本当にあなたが求める答えかもしれません。異なる回答であれば、「どちらが自分らしいか」考えましょう。

■焦って失敗したことは？

株で稼ごうとしたこと

■すぐに結果を求めすぎていることは？

お金を稼ぐこと

上の部分だけ記入して、時間を空けてから下のスペースに記入します。もしも回答が多ければ、一度に両方とも書いても大丈夫です。

■どれくらい時間をかけたら良いか？

10年

あ

焦っても良いことはないこと

焦って良いことはありません。特にうまくいっていないときこそ、早く成功したいと思い、焦ってしまうもの。急いで出した結論の先に待っているのは後悔だけ。

ただし、成功するタイミングを見極めるのはとても難しいもの。いくら画期的なことをしようとしても、先に誰かにされてしまったら価値がありません。

とはいえ、準備できていないまま、飛び出してもうまくいきません。できることは、いつチャンスが来ても摑《つか》めるように準備しておくこと。毎日、目標に向かって努力することしかありません。

WORK SHEET

■ 焦って失敗したことは？

■ すぐに結果を求めすぎていることは？

■ どれぐらい時間をかけたら良いか？

■ 焦って失敗したことは？

株で儲けようとしたこと

実力・知識がなく、運に頼ろうとすると失敗するものです。

出会ってすぐに告白してしまったこと

■ すぐに結果を求めすぎていることは？

成長、お金を稼ぐこと

お金が欲しいと思っていても、深く考えていないことが多いものです。いくら必要なのか考え、具体的な使い道を考えると良いです。

婚活

■ どれぐらい時間をかけたら良いか？

成長：5年、お金を稼ぐこと：10年

3年

自分しかできないことをしたいと思う人もいますが、まずは真剣に目の前のことに取り組むことが次につながります。

あわせて読みたい名言

■「焦ることは何の役にも立たない。後悔はなおさら役に立たない。焦りは過ちを増し、後悔は新しい後悔をつくる。（ゲーテ）」

■「どんなに絶望的に見える状況でも、時間と共に必ず何かが変わっていく。あせっちゃ駄目だ。毎日、小さくてもいいから、幸せを見つけて、１日１日を重ねていけば、必ず、明日は、きっと良い日になる。（アリスの棘〈ＴＶドラマ〉）」

■「チャンスというものは、摑み取るだけで成功とは限りません。私はチャンスを失ってどん底を知り、回り道をしたおかげで、人間的に成長できたように思います。自分にふさわしい時期がくるまでひたすら待つということも、大切なことだと知りました。（フジコ・ヘミング）」

就職・転職するとき、新規事業に取り組むときなど人生では決断を求められるときがたくさんあります。タイミングを見極めるのは難しく、失敗することもあります。

私はブログが流行し始めた頃、ブログ関連サービスをリリースして失敗したことがあります。流行に遅れないよう慌《あわ》てて開発に着手しましたが、思うような結果が出ませんでした。**流行を追いかけている時点でタイミングが遅かったのです。**

当たり前のことですが、焦っているときは目先のことにとらわれてしまい、冷静に判断できません。もしも「少しでも早く結果を出したい」と感じたら、次のように、自分に問いかけることにしています。

「今が最高のタイミングなのだろうか」。

い

「忙しい」と言う人は頼りにならないこと

「忙」という字は「心」を「亡（無）くす」とも読めます。相手が「忙しい」と言うのはただの口実でやる気がないだけ。本当に役立ちたい気持ちがあれば、あなたのために時間を作るでしょう。

「忙しい」と言う人と一緒に過ごしても楽しくありません。仲間が必要なときはそのような人でさえ頼りたくなることもありますが、うまくいかないのは目に見えています。時間を無駄にしないように他に協力してくれる人を探しましょう。

決してあなたも「忙しい」と言わないように。

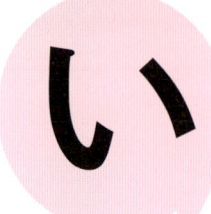

■頼りになる人（会えて良かった人）はどんな人でしたか？

■協力して欲しい人の特徴は？

■どんな質問にも答えてくれる人がいたら何を聞きたいですか？

■頼りになる人（会えて良かった人）はどんな人でしたか？

有限実行、決断が早い、常に声をかけてくれた

既成概念にとらわれない

口だけではなく、行動する人はまわりから信頼されます。

■協力して欲しい人の特徴は？

活動を広めてくれる、視野を広げてくれる

人脈が豊富にある人

どのようにしたらなれるか考えるのも良いです。

■どんな質問にも答えてくれる人がいたら何を聞きたいですか？

良い人と出会うコツ

いつ自分が成功するのか

あなたが気にしていること（価値観）が見えてきます。

あわせて読みたい名言

■「時間を管理するには、まず自らの時間をどのように使っているかを知らなければならない。（ピーター・ドラッカー）」

■「忙しい忙しいって言う人いるじゃない。きっと頑張っているわねって褒めてほしいのよ。だからこう言ってあげたほうがいいわ。時間の使い方が下手ねって。（未詳）」

■「短い人生の中で、最も楽しいことは、自分の心の波長と合う人との出会いです。（稲盛和夫）」

■「なんと言っても、人が人に与える最高のものは、心である。他者のための『思い』と『行動』に費やした時間、人とともにどれだけの時間を分けあったかによって、真の人間としての証がなされる。（日野原重明）」

相手の心は見ることができず、信頼できる人を見極めるのは難しいもの。

ヒンズー教の経典にこのような言葉があります。

「心が変われば行動が変わる　行動が変われば習慣が変わる
習慣が変われば人格が変わる　人格が変われば運命が変わる」

心は行動に表われます。ですから、相手の心を読むには行動を見ること。

口で何を言っているかより、実際にどのような行動を起こしているかを見ることが、その相手を知るために大切です。

人を見極めるのに一番簡単な方法は、その相手の「所有物」を見ること。

筆箱やペンなどは長年使っている物か、靴は手入れしているかなどを見ます。**物を大切にできる人は人を大切にするため、信頼できる可能性が高いです。**

う

運を引き寄せるためには努力し続けること

いくら努力しても運を引き寄せることができないときもあります。とはいえ、努力し続ければ、運を引き寄せる可能性は高まります。

運は待っていてもやってきません。運がやってくるのは明日なのか、1週間後なのか、1年後なのかわかりません。だからこそ、運がやってくるまで努力し続けること。

運は求めているときほどやってこないものです。

期待せずに目標に向かって行動すること、自分の力で結果を出そうとする姿勢が大切です。

■ 人生で運を感じたときは？なぜ引き寄せたのか？

■ チャンスがきたら何％活かす自信がありますか？

■ 100％にするためには？

■人生で運を感じたときは？なぜ引き寄せたのか？

ビジネスプランコンテストで準優勝したこと。
協力したから。

大学受験で志望校に合格したこと。
時間をかけて取り組んだから。

■チャンスがきたら何％活かす自信がありますか？

90%

70%

チャンスさえあればと思っていても、いざチャンスがきても活かせる人は少ないもの。何が自分に足りないかを考えること。

■100％にするためには？

潤沢な資金、仲間

英語を勉強する、
プレゼン力を高める、強みを磨く、人に会う

どのような仲間を作るのか、どのようにして探すのか具体的に考えること。

あわせて読みたい名言

■「チャンスに出会わない人間は、一人もいない。それをチャンスにできなかっただけである。（アンドリュー・カーネギー）」

■「小さいことを積み重ねるのが、とんでもないところへ行くただひとつの道だと思っています。（イチロー）」

■「努力した者が全て報われるとは限らん。しかし、成功した者は皆すべからく努力しておる!!（はじめの一歩〈漫画〉）」

■「努力は必ず報われる。もし報われない努力があるのならば、それはまだ努力と呼べない。（王貞治）」

あなたは運が良いですか。パナソニックを一代で築いた経営者の松下幸之助氏は新入社員の面接試験で「あなたは運が良いですか？」と質問していました。「運が悪いです」と答えた人は、どれだけ学歴やそれまでの面接結果が良くても不採用に。「運が良いです」と答えた人は、まわりの人に助けられてきたという「感謝」の気持ちがあり、逆境に陥っても前向きに取り組める人と判断して採用したそうです。

松下氏自身は運が良いと思っていましたが、その理由を聞かれたときに、「自転車に乗っていたら車にぶつかって、線路に投げ出されたが、電車が2メートル前で止まってくれたおかげで、命を取り留めた」と答えたそうです。**ピンチも捉え方によってはチャンスに変わります。運が良いと思うかどうかは自分次第です。**

え

笑顔は最大の武器であること

笑顔は相手を笑顔にさせ、また、その相手の笑顔で自分も笑顔になれます。辛いときこそ笑ってみること。最初は無理矢理でもかまいません。笑っていればだんだん楽しくなってきます。楽しいから笑うのではなく、笑っているから楽しくなります。

世の中にはいつも人生が順風満帆に進んでいるように見える人がいますが、その人たちに共通しているのが笑顔。彼らは、まわりから見たら困難なことも苦労と思わず、前向きに取り組んでいます。

そんな笑顔が、チャンスやまわりの人を引き寄せているのです。

■ 人生で一番笑ったときは？

■ 最近、笑ったことは？

■ これから笑えそうなときは？

■人生で一番笑ったときは？

好きな人と付き合えたとき

高校生時代

どうしても笑顔になれないときはこのときのことを具体的に思い浮かべると良いです。

■最近、笑ったことは？

面白いアイデアを思いついたとき

会社の先輩との会話

■これから笑えそうなときは？

自由に好きな仕事に打ち込めるとき

いつでも

あわせて読みたい名言

■「運が良くなりたければ、微笑んでいれば良い。人に優しくすれば良い。思いやりと優しさで、運は開ける。（美輪明宏）」

■「もしあなたが、誰かに期待したほほえみが得られなかったら不愉快になる代わりに、あなたの方からほほえみをかけてごらんなさい。 実際ほほえみを忘れたその人ほどあなたからのほほえみを必要としている人はいないのだから。（未詳）」

■「心の底から涙を流すことを知らない者は、本当に笑うことも知らない。（ゴルダ・メイア）」

「疲れた者にとっては休養、失意の者にとっては光明。悲しむ者にとっては太陽、悩める者にとっては自然の解毒剤となる。買うことも強要することも、盗むこともできない。無償で与えて初めて値打ちが出る」

笑顔をテーマとしたニューヨークのデパートの広告です。笑顔は大切だと思っていても、いつでも笑顔でいることは難しいもの。

時には辛いこともあります。そのような事態が起きたときに前向きにとらえられるかどうか。「辛いこと」があるのではなく、「辛いと思うこと」があるのです。

私は20代の頃、1日も休むことなく働き続けました。「1日も休むことができない」という事実を「辛い」と思うのか、それとも「経験が積める」と思うのか、それだけでも仕事への取り組みは異なります。**事実は1つでも解釈は無数にあります。物事をプラスにとらえることで結果は良くなってきます。**

お

お礼はすぐに何度しても良いこと

お礼するタイミングはその場、別れたあと、また会ったとき。何度「ありがとう」と言っても良いのです。

お礼を言わなくて損することはあっても、お礼を言って損することはありません。何かしてあげた人はしてもらった人以上に覚えているもの。ありがとうと言われて嫌な顔をする人はいません。

感謝すべきことはたくさんあるのに、感謝していないことは多くあります。毎日感謝すべきことはないかどうか探そうとするのも良いです。良いところを見つける習慣ができ、日常が楽しくなります。

■ 今まで一番感謝している人は？

■ 今までにその人に何をしましたか？

■ 感謝の気持ちを最大限表現するには？

■今まで一番感謝している人は？

感謝できる人は身近にいるものです。

両親

サッカー部の先生

■今までにその人に何をしましたか？

ありがとうと言う、旅行をプレゼントする

何もできていない

■感謝の気持ちを最大限表現するには？

服をプレゼントする

もっと活躍して先生の素晴らしさを後輩に伝える

あわせて読みたい名言

■「つらい事が多いのは、感謝を知らないから。苦しい事が多いのは、自分に甘えがあるから。悲しい事が多いのは、自分の事しかわからないから。心配する事が多いのは、いまを懸命に生きていないから。（石川洋）」

■「人生は短いもの。だからこそ、誰とのつき合いにおいても後悔を残したくありません。毎日顔を合わせている人とも明日は会えないかもしれないのですから、日ごろから『ありがとう』『ごめんなさい』をきちんと言いましょう（江原啓之）」

■「ほとんどの人が、自分にはしてもらいたいことを、人にはしないのです。逆に言えば、自分にしてもらってうれしいことを、人にもする、これに気がつき、実行することが、とても大事だと思います。（渡邉幸義）」

「当たり前」の反対は何かわかりますか。それは、「有難いこと」です。**「有難い＝滅多にない、貴重だ」と思うことができると、心からお礼することができます。**

私は買い物をするときや食事するときに店員の方に「ありがとうございます」「ご馳走様でした」と少しでも感謝の気持ちを伝えるようにしています。自分1人の力では手に入れられないと思っているからです。

仕事をしていると色々な人が関わってきます。なかには自分の思うように動いてくれない人もいます。そのとき、相手を責めるのではなく、その人が動きやすいように配慮すること。不平や不満を述べても状況は変わりません。許せない気持ち、怒りたい気持ちもあるかもしれません。それでも「今の状況で感謝するべきことはないか」を考え、どのようにしたら現状を変えられるのか考えること。自分の思う通りにいかないときにどのように振る舞うかで自分の価値が決まります。

か

学生時代の友人を大切にすること

学生時代の友人は一緒にいることが当然だったため、何も求めていないことが多いです。何もしがらみがなく、自分を押し殺して、機嫌をうかがうことも、遠慮する必要もありません。

いくら歳をとっても、なぜか久しぶりに会った気がせず、昔のままの自分で接することができます。何も気兼ねせず会ったり、話したりできる友人は大人になってからはなかなかできないものです。

学生時代の友人を大切にしましょう。

■仲の良かった友人との共通点は？

■今でも会える学生時代の友人の人数は？

■誰から会いますか？

■仲の良かった友人との共通点は？

真面目

類は友を呼ぶというように自分と似ている人を分析することであなたの良さが見えてきます。

ゼミ、部活、目指しているものが合う

■今でも会える学生時代の友人の人数は？

10人

頭の中で思い浮かべた人を数えてみましょう。

たくさん

■誰から会いますか？

N君

すぐにアポイントをとってみましょう。

しばらく連絡していない人もいるけど、
いつもの人に会ってしまう

あわせて読みたい名言

■「物質的な豊かさは、いずれは消滅してしまうが、友情という豊かさは、消えずに永遠のものである。（ドゥンガ）」

■「あなたにめぐり逢えて本当によかった。一人でもいい、心からそう言ってくれる人があれば。（相田みつを）」

■「どんなときでも理解し合える関係を求めることは友情とは言えない。本当の友情とはお互いがどんなに違っていても、そのあるがままの違いをしっかりと受け止めることなのだ。（マハトマ・ガンジー）」

あなたは「学生と社会人の違い」を挙げられますか。就職活動でよく聞かれる質問です。例えば「付き合いたくない人とも付き合う必要があること」が考えられます。社会人になると学生の頃のように自分で選んで付き合えません。上司もお客様も自分では選べません。

とはいえ、**付き合いたくない人が成長するきっかけを与えてくれることもあります。**プロデューサーの秋元康氏はあえて嫌いな人と会うくらいです。

「僕は定期的に嫌いな人に会うようにしているのです。なぜなら嫌いな人というのは、自分に似ているか正反対か、どっちかなんです。なぜその人が嫌いなのかを考える。すると、知らなかった自分の好みや信念を発見できる」

自分の好きな人と付き合うのは楽かもしれませんが、成長はあなたが嫌いな人、苦手な人が与えてくれます。

き

今日から始めること

人生の選択肢は2つしかありません。

今やるか、一生やらないか。

「いつか」がやってくることはほとんどありません。今日やらなければ一生やらないのと一緒。

始めるのにベストタイミングは「今」です。始めるのに最高のタイミングを逃すと、自分に言い訳をして動きません。本当は自分にとって大切ではないことだから動けないのかもしれません。たとえ「今日から」でも遅いくらい。

「今、この瞬間から」動きましょう。

■ 今まで先延ばしにしてやれなかったことは？

■ 今、先延ばしにしていることは？

■ すぐに取り組むとしたら何をしますか？

■今まで先延ばしにしてやれなかったことは？

絵本の制作、病院に行くこと、
テニス大会に出場すること

仕事のプランニング

これからでもできるはずです。

■今、先延ばしにしていることは？

結婚、英語の勉強、やりたいことを決めること

ジャマイカに行くこと

■すぐに取り組むとしたら何をしますか？

友達に紹介を頼む、毎日音読をする、
やりたいことを全てリストアップする

気合いを入れる

お風呂、通勤など毎日していること
と一緒にすると実行しやすいです。

あわせて読みたい名言

■「先延ばしにする癖のある人は、人生を漫然と過ごして失敗する。最初の一歩を踏みだすこと。結果は後からついて来る。もちろん希望通りの結果とは限らない。でも、踏みださない人に、結果は決してやって来ない。(唯川恵)」

■「『来週から』を4回言うと1カ月になる。『来月から』を12回言うと1年になる。そして『来年から』を何十回か言うと、僕たちは灰になる。一番大切なことをする日は、今日しかない。(未詳)」

■「アイデアは行動しないと意味がない。したい人10,000人。始める人100人。続ける人1人。(中谷彰宏)」

今まで「やりたい」と思ったことに、どれくらい取り組めていますか。振り返ってみると、意外と少ないかもしれません。たいてい「やりたい」と思っていても、後回しにして忘れてしまいます。

一度全て「人生でやりたいこと」もしくは「人生でやらないと後悔すること」をリストにしても良いかもしれません。

私は独立してすぐに「これからやりたいこと」を全て書き出しました。おおよそ100個ぐらいになりました。例えば「大学で講演をしている」「本を出版している」「TOEIC900点以上取得している」など。

数年後、忘れた頃にそのリストを見たら半分以上が叶っていました。

目標は紙に書くことで叶うことを体感しました。なるべく目標は願望（「したい」）ではなく、現在完了形（「している」）で書くこと。**目標を達成することが当然のように思うことが重要です。**

く

苦しいときこそ諦めないこと

どうしても苦しいときは、諦めてしまいそうになるかもしれません。そのようなときこそ踏ん張るとき。たとえ、全て手を尽くしたと思っても、できることはないと思っても諦めないこと。逆境を乗り越えたことがいつかあなたの武器となります。

諦めることはいつでもできます。もしも、自信を持って「やり尽くした」と言えないなら踏みとどまりましょう。一度止めてから再び取り組むと余計に時間がかかります。

継続するほど身になり、不可能だと思っていたことも可能になります。

■一番苦しかったときは？どうしてですか？

■今、そのときを振り返ってどのように感じますか？

■その経験をどのように活かせますか？

■一番苦しかったときは？どうしてですか？

就職活動。何をやりたいのかわからなくなったから。

失恋したとき。結婚したいと思うほど好きだったから。

■今、そのときを振り返ってどのように感じますか？

無理しないことが大切。
もっと真剣に将来について考えること。

もっと自分に正直になれば良かった。

■その経験をどのように活かせますか？

自分を理解するのに努める。

へこまないことが大事。

就職活動だけではなく、自分を見つめなおす時間を取れると良いです。

あわせて読みたい名言

■「不可能とは、自らの力で世界を切り拓くことを放棄した臆病者の言葉だ。不可能とは、現状に甘んじるための言い訳に過ぎない。不可能とは、事実ですらなく、単なる先入観だ。不可能とは、誰かに決めつけられることではない。不可能とは通過点だ。不可能とは可能性だ。不可能なんてありえない。（モハメド・アリ）」

■「今の仕事を好きになれないのでは、違う仕事に就いても好きになれない。今の仕事に一生懸命になれないのでは、違う仕事でも一生懸命になれない。今の仕事を好きになって一生懸命やったとき、次なる道が見えてくるものだ。そもそも天職はなるものじゃない、気がついたらなっているものだ。（スティーブン・ホーキング）」

継続できるものと継続できないものには決定的な違いがあります。諦められない理由があるかどうか。１つでも諦められない理由があれば、目標に向かって頑張ることができます。その理由が自分のためではなく、大切な人のためであればなおさらです。

私が10年以上WEBサイトを運営したり、本を執筆できているのも読者の方のおかげです。人は自分のためではなく、大切な人のためであれば自分以上の力を発揮できます。

才能は人のために使ってこそ発揮され、磨かれていきます。そして、いつの間にかさらに大きなことができるようになります。誰かのために頑張ることが自分のためにもなるのです。

け

健康を当たり前と思ってはいけないこと

健康が大切なことを一番実感するのは、健康を損ねたときです。そうなる前に体が弱っているサインが出ていますが、他のことに夢中で気づこうとしません。

これくらいなら大丈夫だと無理をしてしまうのです。とはいえ、無理を続けることはできません。それまではすぐ元気になっていたかもしれませんが、取り返しのつかないことになる場合さえあります。

健康が全てではありませんが、健康を失うと何もできません。健康を最優先しましょう。

■体が弱っているサインは？

■体調がベストなときはどのようにしてわかりますか？

■健康を維持するためにすることは？

■体が弱っているサインは？

症状が出たらどんなに忙しくても
体を休めたほうが良いです。

頭痛がする

ニキビが出る、首にハリがある、唾が多い、
鼻におできができる

■体調がベストなときはどのようにしてわかりますか？

スッキリ起きたとき

走っているときに軽い感じがする

■健康を維持するためにすることは？

ジムに通う、走る

毎日スクワット50回、プランク3分間

あわせて読みたい名言

■「病気になったら、私が一番最初に気をつけることは何かというと、それは、どこの病院に行こうか、ということではなく、なんの薬を飲もうかということでもなく、1日中、病気のことで頭をいっぱいにしないことである。（宇野千代）」

■「病気って、魔法みたいに、全く気づかなかった人生のとっても大事なことを、いとも簡単に気づかせてくれるということもある。例えば、家族の温かさだとか、友達の優しさだとか、その当たり前の身の回りにあることがどれだけ大事なことか、どれだけ素敵かっていうことをね、すごく簡単に気づかせてくれるんですよ。（須磨久善）」

■「人の成功と失敗の分かれ目は、第一に健康である。次には熱と誠である。体力があって熱と誠があれば必ず成功する。（五島慶太）」

新卒で入社して数カ月した頃、私は突然、普通に歩くことができなくなりました。まるで海で泳いでいるかのように上下に揺さぶられている感覚に陥《おちい》り、ずっと耳鳴りがしていました。

病院に行って医者に診察してもらうと「突発性難聴」と診断されました。原因は不明で、精神的、肉体的なストレスが関係していると言われました。その頃、仕事のやり方がわからないまま、夜遅くまで仕事を頑張っていましたが、心や体は悲鳴をあげていたようです。

それからは毎週末、必ず運動をして、ストレスを解消するようになりました。**体は疲れたとしても、心の疲労がとれます。**オンとオフのバランスが整ってからは大きな病気を患《わずら》ったことはありません。

あなたも自分なりのストレス解消法を見つけて、ストレスを溜めないようにしましょう。

こ

心を鍛えるには体を鍛えること

心を鍛えるのは難しいもの。心を強くしようとしても、目に見える形で成果がわかる方法はないからです。どれくらい頑張ればよいのか、どのくらい鍛えればよいのか、ゴールがわかりません。どこに向かって頑張ればよいのか、わからなければ、やる気が湧きません。

一方で、体を鍛えることは簡単です。体を鍛えようとトレーニングしていれば、目に見える形でわかります。体を鍛えれば鍛えるほど見た目が変わるため、さらに鍛えようと思います。

そのようにして理想の体型に近づく自分を確認することで心が鍛えられた状態（＝自信）につながっていきます。

■ 体を鍛えるためにしていたことは？

■ 今の心の状態は 100 点中何点？

■ 満点にするにはどうすれば良いか？

■体を鍛えるためにしていたことは？

スクワット10回×3セット、腕立て10回×3セット

ストレッチ

今も続けていることを記入しても大丈夫です。もしも、今取り組んでいないなら再開しましょう。

■今の心の状態は100点中何点？

30点

90点

心の状態は常に変化するもの。どのように変化するのか毎日チェックするのも良いです。

■満点にするにはどうすれば良いか？

成功して自信をつける、人生で大切なことを把握する

仕事を頑張る、できることに集中する

あわせて読みたい名言

■「性格は『顔』に出る 生活は『体型』に出る 本音は『仕草』に出る 感情は『声』に出る センスは『服』に出る 美意識は『爪』に出る 清潔感は『髪』に出る 落ち着きのなさは『足』に出る。（未詳）」

■「人間の心は、そう簡単に磨けるものではありません。ましてや、心を取り出して磨くことなどということはできません。心を磨くには、とりあえず、目の前に見える物を磨ききれいにすることです。とくに、人のいやがるトイレをきれいにすると、心も美しくなる。人は、いつも見ているものに心も似てきます。（鍵山秀三郎）」

デスクワークが多いと運動不足になりがちです。私は起業して間もない頃、知らぬ間に2、3キロ太ってしまったことがありました。

少しでも運動不足を解消しようと始めたのがランニング。

起業家には走る人が多く、なかにはフルマラソンに挑戦する人もいます。

ランニングにはメリットがたくさんあります。
①道具が必要ないこと
道具がなくても、いつでもどこでも取り組めます。
②達成感を得やすいこと
走り続けていると、走行距離がしだいに延び、その度ごとに達成感があります。
③アイデアがひらめくこと
頭の中がすっきりするため、アイデアが思いつきます。私はアイデアが思いつかないときにランニングやウォーキングしながら考えることが多いです。

さ

最低限のお金がないと自信を失うこと

お金が全てではありませんが、お金がないと何かと不安になります。

生活に不安を抱えていると、やりたいことに集中することができません。

自分よりお金を持っている人と比較したり、時にはお金のために我慢してやりたくないことに取り組まざるをえなくなったりして、自分が本当にやりたいことを見失ってしまうことさえあります。

やりたいことを始める前に最低限のお金を貯めておくことが大切です。

何か新しいことを始めるには時間もお金も必要です。あらかじめどれくらい必要なのか考えましょう。

■ 最低限必要な月収はいくらですか？

■ 80歳まで生きるとして最低限いくら必要？

■ これからいくら稼ぎたいですか？

■最低限必要な月収はいくらですか？

20万円

わからない

■80歳まで生きるとして最低限いくら必要？

3億2千万円

考えたことがないですが、1億ぐらい

「(80－自分の年齢)×12×最低月収」で算出して検討するのも良いです。

■これからいくら稼ぎたいですか？

5億円

生活できればいい

5億円を得ても使いこなせない人が多いもの。どうしてこの金額が必要なのか、何に使いたいのか使い道をイメージしてみましょう。

あわせて読みたい名言

■「お金で幸福を買うことはできないが、不幸を避けることはできる。(村上龍)」

■「なぜ人は働くのでしょうか？　その理由のひとつはお金のためでしょう。人は働きお金を得なければ、食べていくことが出来ません。しかし、働く理由がお金だけになると、人は生きていく方向を見失います。(船井幸雄)」

■「人生は恐れなければ、とても素晴らしいものなんだよ。人生に必要なもの。それは勇気と想像力、そして少しのお金だ。(チャールズ・チャップリン)」

あなたがお金で購入しているのは「商品」や「サービス」ではありません。「感情」です。例えば、誰かと一緒に食事することで「安心」や「楽しさ」を感じ、服を買うことで「自信」「喜び」を感じます。

人は、自分が求めている感情を得られないと不安になります。そうならないためにも自分が本当に何を求めているのかを考えることが大切です。

もしも、あなたにやりたいことがあれば、「やりたいことをすることで何が得られるのか」を自分に問いかけ続けます。**繰り返し考えると同じ言葉が出てきます**。それがあなたの本当に得たいもの（感情）。それを得るために本当にやりたいことで得られるのか、違う方法で得られないかどうか考えるのも良いでしょう。

（例）「お金を得ることで何が得られる?」→「安心」→「安心が得られることで何が得られる?」→「挑戦する気持ち」→「挑戦する気持ちが得られることで何が得られる?」→「ワクワク感」→「ワクワクする気持ちが得られることで何が得られる?」→「楽しさ」→「楽しさが得られることで何が得られる?」→「楽しさ」※繰り返し出てきた「楽しさ」が、本当に得たい感情です。

し

叱られるのは今だけの特権なこと

怒ると叱るは異なります。

一番の違いは「相手のために言ってくれているかどうか」。

怒っている人はただ自分のために怒り、叱ってくれる人は相手のために叱ります。

叱ってくれる人がいることは有難いこと。叱られて気分が良い人は少ないかもしれませんが、叱る人も同じ気持ちです。あなたのことを真剣に考えてくれているからこそです。

もしも、誰も叱ってくれなければ、自分で間違いに気づくしかありません。誤った道をどれだけ進んでも正しい目的地にはたどり着きません。

■ 一番叱られたときは？

■ 叱ってくれる人は？

■ その人から学べることは？

■一番叱られたときは？

入社8年目のとき

転職したばかりのときに先輩から叱られた

■叱ってくれる人は？

両親

上司

まわりが遠慮して言えないことも
家族だからこそ言ってくれることも
あります。

■その人から学べることは？

目先のことにとらわれない、
相手の立場になってコミュニケーションをする

辛いこともあるが頑張るしかない

あわせて読みたい名言

■「なすべきことをなす勇気と、人の声に私心なく耳を傾ける謙虚さがあれば、知恵はこんこんと湧き出てくるものです。（松下幸之助）」

■「意味もない自己顕示欲や、思いあがりは捨てた方がいい。結局のところ、最終的に成功するのは謙虚に学べる人なのだ。（三木谷浩史）」

■「私は明るく元気で謙虚であることがとても大事だと思っています。知性も大切ですが、それが過ぎると、ついひけらかして周りを暗くさせてしまうし、問題の細かいところまで見えすぎて迷いが多くなったりします。自分のことを頭がいいと思っている人は自戒すべきですね。（樋口廣太郎）」

あなたが出世して部長や社長になったら、たとえ失敗しても誰も叱ってくれる人はいません。叱ってもらえるのは20代の特権です。

仕事でミスをする原因は主に2つあります。1つは不注意。体調不良、責任感の欠如、思い込みなどによるものでしょう。もう1つは自分の力量を超えている場合です。しかし、それは、あえてあなたが成長できるように上司や先輩が任せているのかもしれません。

私は独立したとき、無意識のうちに自分の力量内の仕事ばかり引き受けることがありました。勝手に限界を設けて、失敗を恐れていたのかもしれません。そのことに気がついたとき、今までに取り組んだことがない仕事でも挑戦することにしたのです。

会社勤めだと仕事を選ぶことができません。しかし、それは特権です。なぜなら**困難だと思う仕事にこそ成長できる機会があるからです**。これから仕事を辞める、転職することもあるかもしれませんが、今の会社でしか学べないことがあることを忘れないようにしましょう。

す

素直になること

「素直であることが一番」とわかっていてもなかなかできないもの。時にはウソをついたり、言い訳したり、見栄をはったりするもの。すると、あとから問題が生じる可能性があります。その度に解決するために時間をとられることさえあります。

もしも、わからないことがあるなら、自分の過《あやま》ちに気づいたなら、素直に認めること。今の自分が置かれている状況を受け止めれば、手を差し伸べてくれる人がいるかもしれません。こだわっているうちは誰も助けてくれません。

■ 素直になって良かったことは？

■ 今のあなたにないものは？

■ それがあれば何ができますか？

■素直になって良かったことは？

仕事を紹介して頂けたこと、
教えてくれる人が増えたこと

自分が楽

■今のあなたにないものは？

幅広い視野、専門分野、語学力

一歩踏み込む力

■それがあれば何ができますか？

より満足できるサービスを提供できる

営業

いくつも挙がっていても気にする必要はありません。どれが一番大切かを考え、身に付ける方法を考えましょう。

あわせて読みたい名言

■「一日だけ幸せでいたいならば、床屋にいけ。一週間だけ幸せでいたいなら、車を買え。一カ月だけ幸せでいたいなら、結婚をしろ。 一年だけ幸せでいたいなら、家を買え。一生幸せでいたいなら、正直でいることだ。（イギリスのことわざ）」

■「もし自分が間違っていたと素直に認める勇気があるなら、災いを転じて福となすことができる。過ちを認めれば、周囲の者がこちらを見直すだけでなく、自分自身を見直すようになるからだ。（デール・カーネギー）」

■「素直でまっすぐに生きているほうが、周りを幸せにするんだから。頭がいいとか知識があるとかより、人を元気にできることのほうがよっぽど価値がある。（最高の離婚〈ＴＶドラマ〉）」

私は新卒の就職活動をしていた頃、書類選考は通過するものの、面接で思うようにいかず悩んでいた時期がありました。面接で話していて、自分自身を伝えられていないのではないかと思っていました。

そのとき、知り合いから外資系の広告代理店に勤務するIさんを紹介してもらいました。Iさんにアポイントをとるとイギリスに赴任《ふにん》されていることが判明し、メールで相談することに。

Iさんへ何度も自己PRや志望動機などをメールで送付し、添削を受け、すぐに見直してまた送付しました。1カ月もやりとりすると、「これで落ちたら仕方がない」と思うほど満足できる内容となりました。その後、面接は順調に進み、志望企業から内定を頂けることに。就職活動中に一度も直接お目にかかることはありませんでしたが、Iさんのおかげでした。**学習の近道はプロから学ぶこと。少しでも疑ったら学べません。**

もしも教えてくれる人がいたら、まずは素直に信じてやってみること。もしも自分に合わなければ、それからどうするか考えましょう。

せ

成功談よりも失敗談から学ぶこと

成功した人と同じことをしても成功できるとは限りません。時代、運、人など様々な要素が重なって成功につながっているからです。

しかし、成功者と同じ間違いをすることはあります。あらかじめ成功者がかつてどのような失敗や過ちを経験したかを学べば、同じ失敗を犯す可能性が減り、目標に早くたどり着くことができます。

だからこそ、自分が目指している分野のプロや経験者の話を聞くことは大切です。人生を変えるきっかけは「人との出会い」によってもたらされるものです。

■ 人生で一番の失敗は？

■ その経験から学んだことは？

■ これからどのように活かしますか？

■ 人生で一番の失敗は？

恋愛（相手を責めすぎてしまったこと）

人間関係

あとから振り返ると言わなくても良いことを言ってしまうこともあります。発言には気をつけましょう。

■ その経験から学んだことは？

余裕を持つこと

謙虚でいることの大切さ

■ これからどのように活かしますか？

お金を稼ぐ、勉強する、
外見を磨くなどして自分を変える

礼儀を大切にする

あわせて読みたい名言

■「他人は失ったものに目を向けますが、僕は得たものに目を向けます。（桑田真澄）」

■「失敗は終わりではない。それを追及していくことによって、はじめて失敗に価値が出てくる。失敗は諦めたときに失敗になるのだ。（土光敏夫）」

■「努力して結果が出ると自信に。努力せず結果が出ると傲《おご》りに。努力せず結果も出ないと後悔に。努力して結果が出ずともそこには経験が残る。（未詳）」

■「いつも正解ばかり出さなくてもいいのです。人間なんですから。勝った時には謙虚さを、負けた時には潔さを学べばいいのです。（マイケル・チャン）」

「少しでもビジネスのヒントが得られないか」と、私は経営者の本や起業関連の雑誌を毎日読んでいた時期がありました。

そのとき、雑誌の特集で100人ほどの起業家たちがうまくいったこと、失敗したことが紹介されていました。驚いたことに多くの起業家が「複数の収入源を持たなかった」「価格設定を安くしてしまった」など同様の失敗を経験していました。誰もが通る道なのかもしれませんが、あらかじめそのことを知っていたら事前に手が打てたかもしれません。

知り合いの経営者は『論語』『孫子の兵法』などの中国の古典や司馬遼太郎などの歴史小説を読まれていることが多いです。歴史は繰り返されるもの。過去に起きた出来事を学べば、同じような状況に遭遇したときに、次にどのようなことが起こるか予測でき、冷静に対応できます。

ドイツ帝国首相を務めたオットー・ビスマルクはこのような言葉を残しています。

「賢者は歴史に学び、愚者は経験に学ぶ」

そ

外に目を向けること

今、見えているものが全てではありません。うまくいかなかったり、忙しかったり、心に余裕がなかったりすると、目の前のことに目が向いてしまうもの。

少しでも視野を広げたら、今とは異なる展開が待っているかもしれません。今までの結果は今までの行動によってもたらされたもの。結果を変えたいなら行動を変えるしかありません。

もしも、行き詰まっているときがあれば、今までと違ったことをしたり、これまでとは違った環境に身をおきましょう。自然と視野が広がり、問題を解決できるかもしれません。

■ この１年の間に新しい知り合いは何人できましたか？

■ 今の仕事以外の仕事につくのであれば何をしますか？

■ 今までの自分と異なる行動をするとしたら？

■この1年の間に新しい知り合いは何人できましたか？

5人

50人

会社員として働いていると自分が積極的に行動しない限り人と出会えないもの。出会えた人数＝あなたが行動できた証です。

■今の仕事以外の仕事につくのであれば何をしますか？

コンサルティング企業で働く

お客様と接する機会が多い仕事（接客業）

■今までの自分と異なる行動をするとしたら？

海外で働く、料理教室に通う、
美術館に行く、ボランティアをする

人を誘う

あわせて読みたい名言

■「背伸びして視野を広げているうち、背が伸びてしまう事もあり得る。それが人生の面白さである。（城山三郎）」

■「何事もゆきづまれば、まず、自分のものの見方を変えることである。案外、人は無意識の中にも一つの見方に執して、他の見方のあることを忘れがちである。（松下幸之助）」

■「ひとつのドアが閉まっている時、もっとたくさんのドアが開いているんだよ。（ボブ・マーリー）」

■「一枚の葉にとらわれては木は見えん。一本の樹にとらわれては森は見えん。どこにも心を留めず見ることもせず全体を見る……これが『見る』ということだ！（バガボンド〈漫画〉）」

困難なことにぶつかると「どうして私だけ」「なんで私ばっかり」と思ってしまうことがあります。一度問題に気をとられると、解決しようとしてどんどん視野が狭くなってしまうもの。

私は何かうまくいかないとき、「今までの自分ならしない」と思うことをするようにしています。今まで興味が全くなかったジャンルの本を読んだり、まわりの人に「お勧めの本はないか」と聞いて、それを読むことがあります。自分が求めたい情報を意識して本を読んでいると、ヒントが得られることがあります。

他にも今まで敬遠していた分野のセミナー、イベントに出かけることもあります。やるかどうか迷ったことはやってみます。**何より行動することで今まで会えなかった人に出会えます。問題解決のヒントは人からもらえることが多いものです。**

た

他人の意見は無責任であること

自分のことは自分が一番考えているもの。あなたが抱えている問題を一番真剣に考えているのはあなたです。あなたと同じくらい真剣に考えていない人からアドバイスをもらっても、あなたのためになることはありません。

アドバイスをもらうときは「相手に自分と同じような経験」があるかどうか考えるのも良いです。アドバイスを参考にするのは良いですが、鵜《う》呑《の》みにしないように気をつけましょう。

まわりの人やまわりの言葉に惑わされないこと。

■ 今までに参考になったアドバイスは？

■ あなたと同じ問題を乗り越えた人は誰ですか？

■ その人から学べることは（真似るとしたら）？

■今までに参考になったアドバイスは？

自分が本当に信じていることは相手にも伝わる

自分に投資する、人に貸しを作る、
学生時代は借金をしてでも遊べ

■あなたと同じ問題を乗り越えた人は誰ですか？

稲盛和夫

Sさん

反対に後ろめたいことをしていると、
いつかその報いを受けるものです。

■その人から学べることは（真似るとしたら）？

人として正しいことをする

1つのジャンルに強くなる、女性に慕われるところ

あわせて読みたい名言

■「『君には無理だよ』という人の言うことを、聞いてはいけない。もし、自分でなにかを成し遂げたかったら出来なかった時に他人のせいにしないで自分のせいにしなさい。多くの人が、僕にも君にも『無理だよ』と言った。彼らは、君に成功してほしくないんだ。なぜなら、彼らは成功出来なかったから。途中で諦めてしまったから。だから、君にもその夢を諦めてほしいんだ。不幸な人は、不幸な人を友達にしたいんだ。決して諦めては駄目だ。自分のまわりをエネルギーであふれ、しっかりした考え方を、持っている人でかためなさい。自分のまわりを野心であふれ、プラス思考の人でかためなさい。近くに誰か憧れる人がいたらその人に、アドバイスを求めなさい。君の人生を、考えることが出来るのは君だけだ。君の夢がなんであれ、それに向かっていくんだ。何故なら、君は幸せになる為に生まれてきたんだ。（マジック・ジョンソン）」

何かに行き詰まったとき、自分だけでは解決できないこともあります。私は独立してからも、付き合いを続けていた会社員の友人に仕事について相談したことがありました。しかし、なかなか自分の状況を理解してもらえず、問題解決のヒントを得ることはできませんでした。

しかし、それは彼らのせいではありません。問題について考え抜かずに、他人に答えを求めた自分が悪かったのです。

それからはキャリアコンサルタントや大学の先生が主催する勉強会などに参加することに。同じ問題意識を持つ人たちが集まり、意見を交わす場は学ぶことが多く、大学で講演するなど仕事にもつながりました。

一人で悩むことがあれば、同じ悩みを抱える人、同じ問題に立ち向かっている人に相談すると良いでしょう。

ち

小さなことで大騒ぎしないこと

あとから振り返れば些細なことであっても、そのときは大きな問題のように思えてしまうもの。一番大きな問題は、未熟さゆえにどうでも良い問題に気をとられてしまう自分にあります。

本当にやるべきことがわかっているのであれば、小さな問題についていちいち気にする必要はありません。きっと時が解決してくれます。

しかし、なかなかうまくいかず、心に余裕がないときは、本来やるべきことをしようとせずに、目先の小さな問題を解決することに夢中になってしまいがちです。

本当に向き合うべき問題を解決することに注力しましょう。

■振り返るとたいしたことがなかった出来事は？

■今のあなたが向き合うべき問題は？

■その問題を解決するためにはまず何をしますか？

■振り返るとたいしたことがなかった出来事は？

インターネットで誹謗中傷を受けたこと

就職活動

たいてい辛いことは忘れてしまうもの。数年前に辛かった気持ちを思い出すことはなかなかできません。

■今のあなたが向き合うべき問題は？

人生をどう生きるか

これからどのような仕事をするか

■その問題を解決するためにはまず何をしますか？

思いついたことをすべてやる

色々な人の話を聞く

悩んでいる時間があれば、すぐに行動したほうが得策です。

あわせて読みたい名言

■「人生が困難なのではない。あなたが人生を困難にしているのだ。人生はきわめてシンプルである。（アルフレッド・アドラー）」

■「本当は人なんか君のことを、全然見ちゃいないのかもしれないんだよ。人の目を意識するような者に限って、人から見られもしないし問題にもされていない場合がほとんどだ。人生は、他人を負かすなんてケチくさい卑小なものじゃない。（岡本太郎）」

■「世の中で最高に幸せな人にも不幸せな時がある。事実最高に幸せな人もみんなそれぞれに憂鬱や悩みや失敗を抱えている。幸せな人と不幸せな人の違いは、落ち込む回数や落ち込み度の深さではなく、その気分にどう対処するかで決まることが多い。（リチャード・カールソン）」

怒って良いことは1つもありません。後悔が残るだけ。

仕事をしていると約束を守る、ウソをつかないなど当たり前のことさえできない人に出会うこともあります。

たとえ、どんなに相手が悪かったとしても堪《た》えること。怒った瞬間、相手と同じレベルになってしまいます。

どうしても我慢できないのであれば、一度深呼吸をして、数秒ほど沈黙し「私」を主語にして伝えます。例えば、待ち合わせ時間を守らない人がいたとします。そのときに「どうして（あなたは）いつもそうなのか？」と伝えると相手自身を批判することになりトラブルになります。

しかし、「連絡もないし、（私は）心配だった」と伝えると相手は答えやすくなります。

感情は放っておけばだんだん収まってきます。たいてい感情的になるときは自分の思い込みにこだわり、不快なことを考え続けている場合が多いものです。

つ

強がらなくて良いこと

せっかく助けようとしてくれる人がいても意地を張り、断わってしまうこともあるかもしれません。

強がって良いことはありません。チャンスを失うことさえあります。

そもそも強がるのは弱いからです。弱さを見せることは恥ずかしいことではありません。同じ悩みを抱える人や共感する人が協力してくれるかもしれません。

まずは今の自分を受け入れること。仮にあなたの思うような結果が得られなかったとしても、前に進んでいます。

■ 強がって損したことは？

■ そのときの自分にメッセージを。

■ 強がるのをやめたらどんな気持ちになりますか？

■強がって損したことは？

出会いを逃すこと

すぐに「大丈夫です」と言ってしまう

まわりを気にして引き受けていると自分を苦しめてしまうもの。

■そのときの自分にメッセージを。

まず会ってみること

大丈夫じゃないのでは。正直に言えば。

思っているだけでは相手に伝わらないもの。口に出して伝えること。

■強がるのをやめたらどんな気持ちになりますか？

楽になる

悩まなくなる

強がるのをやめたらいいことしかありません。

あわせて読みたい名言

■「強くなりたいと思ってる人は自分より強い人を探す。強く見られたいと思ってる人は自分より弱い人を探す。（未詳）」

■「弱い者ほど相手を許すことができない。許すということは、強さの証だ。（マハトマ・ガンジー）」

■「人生に迷い、助けて欲しい時、いつもあなたの手のちょっと先に助けてくれる手がさしのべられていることを、忘れないで。年をとると、人は自分に２つの手があることに気がつきます。１つは自分自身を助けるため、もう１つの手は他者を助けるために。（サム・レヴェンソン）」

たとえ無理して頑張っても、いつか限界をこえ耐えられなくなるときがやってきます。そんな無理は長く続きません。時には心や体を壊してしまうこともあります。

本当に無理なのであれば、時にはその場から離れたり、まわりの人に頼ったり、休むことも大切です。そのようなときに頑張ろうとすればするほど、うまくいきません。

一番良くないのは、自分が何をしたいのか考えずに漫然《まんぜん》と過ごしてしまうこと。心の底から逃げたいときがあれば逃げてもいいのです。誰も責めることはありません。私もなかなか仕事がうまくいかず、一度で取引を中止した仕事もあります。

ただし、目標を達成するまで諦めないこと。「あとから振り返って後悔しないかどうか」と考えるのも良いです。

て

できないと言う人を気にしないこと

できないかどうかは自分で決めるもの。まわりが決めるものではありません。

まわりに言われた通りにやって失敗したら後悔しますが、自分の思う通りに取り組んで失敗したのなら納得できます。

もしも、まわりに「できない」と言う人がいたら、その人がやろうとしていないだけなので、気にしないこと。

仮にうまくいかなかったとしても、やってみてわかることがあり、多くのことを学べます。やってみて「ダメだ」と思うのと、はじめから「ダメだ」と思うのは全く違います。

■ まわりを気にして止めてしまったことは？

■ 人から注意されて不快に思ったことは何ですか？

■ 何でもできるとしたら何をしたいですか？

■ まわりを気にして止めてしまったことは？

自己啓発セミナーに行くこと

好きな人に告白すること

なぜ不快に思うのか考えると大切にしているものが見えてきます。

■ 人から注意されて不快に思ったことは何ですか？

冷静に話す、話しすぎること

何を言っているのかわからないと言われたこと

■ 何でもできるとしたら何をしたいですか？

メディアを持つ、海外を放浪する

世界各国で大きな仕事をしたい

制約を外してやりたいことを考え、あとから制約の解消方法を考える。

あわせて読みたい名言

■「他人の意見で自分の本当の心の声を消してはならない。自分の直感を信じる勇気を持ちなさい。（スティーブ・ジョブズ）」

■「我々に関する他人の悪評は、しばしば本当は我々に当てられているのではなく、まったく別の理由から出る腹立ちや不機嫌の表明なのである。（フリードリヒ・ニーチェ）」

■「人間が変わる方法は３つしかない。１つ目は時間配分を変えること。２つ目は住む場所を変えること。３つ目は付き合う人を変えること。（大前研一）」

多数決という考えがあるように、全員から賛成してもらうことはなかなか難しいもの。新しいことを始めるとしたらなおさらです。

1冊目の本を出版しようとしたとき、複数の出版社から「実績がないので刊行できない」「セールスポイントが弱い」などと言って断わられました。それでも「この本は就職活動生に役立つ本だ」と思い、別の出版社への提案を続けました。その本は、今ではベストセラーとなり、韓国でも翻訳出版されています。

あとから聞いた話ですが、刊行した出版社でも一部の役員は出版に反対していたそうです。それでも編集者の方は私の想いを汲み取って味方になって下さり、役員を説得してくれました。

あなたが新しいことに挑戦するとき「反対されるのは当たり前」と思っておきましょう。

と

どんな状況でも家族は裏切らないこと

自分のことを自分のように思ってくれるのが両親。

まわりから理解が得られないとき、誰も味方がいないとき、孤独を感じているときに両親の存在の大きさを実感するかもしれません。

親が生きている間に同じだけの愛情を親へ返せる人はなかなかいません。

何もしなかった後悔はずっと残り続けます。

もしもあなたが両親のために何かしてあげたら、少なくとも両親は喜ぶことでしょう。最大の親孝行は親がいる間にあなたらしい生き方を見せることです。

■両親に一番支えられていると思ったときは？

■両親から教わったことは？

■両親と会えるのはあと何回ですか？その間に両親にできることは？

■両親に一番支えられていると思ったときは？

お金がないとき、看病してくれたとき

辛いことがあって共感してくれたとき

■両親から教わったことは？

他人に迷惑をかけないこと、自分へ投資すること

色々な人と出会うこと

■両親と会えるのはあと何回ですか？その間に両親にできることは？

50回ぐらい？連絡をマメに取ること。

約1000回。一緒に旅行へ行く、しっかり話を聞く。

親と離れて暮らしていると意外と少ないものです。

あわせて読みたい名言

■「無視されてもうざいと言われてもテレビのチャンネル変えられても、料理を出したら『嫌いだからいらない』って言われても、あなたの観たい番組を一緒に観ながらあなたが残したおかずを食べて黙って食事のあと片付けをして、辛いときには話を聞いてくれ、応援してくれる。お母さんってそんな人。（未詳）」

■「死に向かっている自分を忘れさせてくれるものが5つある。1つは恋愛、1つは仕事、1つは家族、1つは友人、1つはお金。（見城徹）」

■「あなたが不満に思うたった一つのために、あなたに与えられているたくさんの恵みが見えなくなっていませんか？　歩ける自分、目がある自分、家族がある自分、身の回りにはたくさんの恵みがあふれています。（鈴木秀子）」

人から絶対に裏切られない方法は、極論を言えば相手に期待しないこと。思うようにいかないとき、**たいていは期待するというより、期待しすぎている場合が多いです。**

まずは自分のほうが、その人から期待される以上のことをできているのか考えること。人は自分がしたことを過大評価する傾向にあります。

特に「してあげたのに」と思ったときが危険です。自分のことしか考えられなくなっています。もしかすると相手は心の中では感謝しているかもしれません。

決して、自分から見返りを求めようとしないこと。本当に相手にとって役立つことをしていれば、あとから返ってきます。あなたが思う以上にまわりから見られています。その人からではなくても、まわりが見ていて、評価してくれることもあるのです。

な

涙を流すのは恥ずかしくないこと

悔し涙、嬉し涙、色々な涙があります。人前で涙を流すのは恥ずかしいと思うかもしれません。

もしもそうであれば、まだそのことに真剣ではないのかもしれません。まわりを気にしているほどの余裕があります。

真剣に考えていること、取り組んでいることが自分の想像を超えれば、自然と涙が出てきます。そのような胸を熱くする経験、思い出すのも嫌なほど切ない経験が、人生を豊かにします。

涙は一生懸命取り組んでいる証。恥ずかしいことは1つもありません。

■ 人生で一番泣いたときは？

■ 思い出すだけで涙が出ることは？

■ これから真剣に取り組みたいことは？

■人生で一番泣いたときは？

イギリスへ留学したとき

病院から退院したとき

自分を変えるきっかけになったときかもしれません。

■思い出すだけで涙が出ることは？

祖母の死

同級生と旅行に行ったとき

自分を見失っているときに思い出すと良いかもしれません。

■これから真剣に取り組みたいことは？

ダンスを極めること

英語の勉強、テニス

●あわせて読みたい名言

■「涙とともにパンを食べた者でなければ、人生の本当の味はわからない。(ゲーテ)」

■「意味がない涙はない。意味がない恋はない。意味がない愛はない。意味がない悲しみはない。意味がない憎しみもない。全ての感情に意味があります。どんな気持ちも大切な気持ち。色々な気持ちを経験して成長していきましょう。(未詳)」

■「人生はいつもいつも第一志望ばかりを歩けるものではありません。そして必ずしも、第一志望の道を歩くことだけが、自分にとって最良と言えないことだってあるのです。(渡辺和子)」

もしも一番美しい涙があるとすれば「悔し涙」を挙げます。真剣に全力で取り組み、うまくいかなかったときしか流せないからです。ですから、**悔し涙とは、人生において何度も流せるものではありません。**思い通りにならないことがあっても、その悔しさを他のことにぶつけて懸命に取り組めば、思わぬ道が拓けることもあります。

就職活動生を指導していると、第一志望の企業から内定をもらえない学生がいます。本当に悔しくて涙を流す人さえいます。しかし、その後の彼らを見ると、他の企業に就職しても、やりがいを感じながら働いていています。

なかには諦められず、一度就職してから転職して、パイロットになるという夢を叶えた人もいます。その人は、学生時代にアメリカへ留学して航空機免許を取得するなど努力していました。**どんなことでも一生懸命取り組むことが可能性を広げます。**

に

人間は弱いこと

人間は強くありません。うまくいっているときは自分の行ないをかえりみないことが多く、つい過信します。一方でうまくいかないときこそ、自信が必要なのに自分を信じられないことがあります。自らチャンスを逃すことさえあります。その度に強くなりたいと思うかもしれません。

そのように思えば思うほど弱い自分がいます。

情けない自分、みっともない自分、認めたくないほど弱い自分。

そんな自分を受け入れられれば、ありのままの自分でいられます。すると余裕が生まれ、色々なことが吸収できるようになり、成長できます。

■今までに過信したことは何ですか？

■何に対して弱いですか？

■このまま続けてはいけないことは？

■今までに過信したことは何ですか？

無理して仕事をして健康を損なったこと

相手がわかってくれていると思っていたこと

■何に対して弱いですか？

お金、賞賛、他人の評価

まわりの目

伝えるのと伝わるのは異なるもの。相手が本当に理解しているのか確認しても良いです。

■このまま続けてはいけないことは？

時間を無駄にすること、毎日同じような日を過ごすこと

何も目標がないこと

●あわせて読みたい名言

■「いつも必ず自分に勝てる強い人間なんて、そうそういるものではない。大事なのは、自分に負けたとき、『もっと強くならなければ』と願うことだ。そうして自分に勝ったり負けたりしなから、少しずつ進んでいけばいい。（三浦知良）」

■「未熟な自分を責めている限り、幸せにはなれない。未熟な自分を認めること。それができる者だけが強い人間になれる。（アルフレッド・アドラー）」

■「たったひとりしかいない自分の、たった一度しかない人生を、ほんとうに生かさなかったら、人間、生まれてきたかいがないではないか。（山本有三）」

私が20代で起業し、最初にぶつかった壁が「人と話す機会がないこと」でした。会社を辞める前はお客様や同僚と話す機会がありましたが、1人で仕事することが多く、その機会が圧倒的に減りました。

無性に人の声が恋しくなり、なるべく外に出て食事する、音楽を流すなど気を紛らわせたこともあります。人と話せるだけで気分が良くなることがわかりました。

就職活動生から相談を受けるときは「聞くこと」を心がけています。ただ相手の話を聞くだけで相手の役に立てることもあります。そして、相手が求めない限り、こちらからアドバイスをすることはありません。相手の話に相槌《あいづち》を打つ、選択肢を提示することが多いです。

答えはその人自身が一番良く知っているもの。たいてい答えを求めるより、話を聞いて欲しいだけの場合が多いです。

ぬ

抜かりなく準備すること

本番で結果が残せないときは、心に余裕がないことが多いです。想定外のことに振り回され、自分のペースを崩してしまったからでしょう。今まで頑張ってきたことも信じられなくなってしまいます。

ありとあらゆる事態を想定して準備していれば、心に余裕が生まれ、本番でも「いつもの状態」で臨めます。

勝負は始まる前に決まっているようなもの。だからこそ、最悪の事態を想定し、失敗したときに言い訳ができないくらい徹底して準備すること。たとえ１００％準備することは難しくても、本番への心構えができます。

■ 目標に向けて100％中何％準備できていますか？

■ もっと準備するとしたら何をしますか？

■ 最初に取り掛かることは？

■目標に向けて100％中何％準備できていますか？

50%

全くできていない

■もっと準備するとしたら何をしますか？

目標を問いかける、日記で反省する、
ＰＲ動画を作成する

本を読む、何を勉強するかを考える

■最初に取り掛かることは？

目標を問いかける

本屋に行く

できるだけ準備不足と思っていることを多く挙げましょう。何をするかわからないと行動しないものです。

あわせて読みたい名言

■「勝負を決めるのは準備。なかでも、気持ちの準備以上のものはないと思う。（本田圭佑）」

■「大事なのは準備を丸一日かけたことではなく、それで十分な準備ができたかどうかです。（植木義晴）」

■「どんな経験も次の経験のための準備に他ならない。次の経験がどのようなものか予測できないだけなのだ。（ハワード・シュルツ）」

■「ハイレベルのスピードでプレイするために、ぼくは絶えず体と心の準備はしています。自分にとっていちばん大切なことは、試合前に完璧な準備をすることです。（イチロー）」

プレゼンや講演、セミナーなど、人前で話をするときに一番怖いのが「初めて話を披露するとき」。話をするチャンスは一度しかなく、聴き手に満足してもらえるかどうか不安になります。少しでも満足いただけるようにありとあらゆることを想定して臨まなければなりません。

優秀な人こそ本番前に練習をします。プレゼン1本で、数千万円ほどの案件を獲得するやり手の外資系コンサルティングファームの方でさえ1時間のプレゼンのために20時間ぐらい練習することもあります。

とはいえ、いくら時間をかけてもきりがありません。

最後は**「相手が自分の伝えたいイメージを想像できるまでになっているか」**。少なくとも、プレゼンテーション資料を見なくても話せるぐらいのレベルにならないと相手に感動を与えられません。

ね

熱意があれば、人は動いてくれること

自分がやろうとしていることが本当に価値のあることであれば、価値を理解してくれる人は現われます。まず、その人に出会い、熱意を伝えることが大切です。

決して伝える努力をせずに相手にわかってもらおうと思わないこと。「伝える」のと「伝わる」のは異なります。どのようにしたら相手に伝わるのか考えましょう。少しでも自分のことばかり考えた途端、相手は離れます。最初から見返りを求めずにまわりに尽くすこと。きっとあとから自分に返ってきます。

■ これまでに人を動かした経験は？

■ いつも熱意をどのようにして伝えていますか？

■ あなたが貢献できる最大のことは？

■これまでに人を動かした経験は？

飲食店アルバイトで時間責任者をしたとき

文化祭の実行委員をしたこと、
好きな人に振り向いてもらえたこと

■いつも熱意をどのようにして伝えていますか？

何度も想いを伝えること

言葉と行動

しつこいくらいに何度も言葉で伝えること、行動で示すことが大切です。

■あなたが貢献できる最大のことは？

知り合いを紹介する

その人が知らないことを話す

この質問への回答を挙げるのは難しいかもしれませんが、あなたの強みである可能性が高いです。

あわせて読みたい名言

■「人間の能力の差は通常2倍ぐらい、秀才まで入れてもせいぜい5倍くらいまでです。しかしやる気の差は百倍にもなる。（永守重信）」

■「人を動かすことのできる人は、他人の気持ちになれる人である。そのかわり、他人の気持ちになれる人というのは自分が悩む。自分が悩んだことのない人は、まず人を動かすことはできない。（本田宗一郎）」

■「人は利益や損得に振り回されるものです。しかし時には信念に突き動かされることもあるのではないでしょうか？（白い巨塔〈ＴＶドラマ〉）」

■「もう一回、人生をやり直せたとしても、苦しくても何でも、熱い人生を選ぶ。（ビートたけし）」

私は何冊か著書があるためか「本を書いてみたい」という人にお会いする機会があります。とはいえ原稿を書いているのか聞いてみると、何もしていない人がほとんど。本当にやりたいことであれば、すでに動いているはずです。

相手に熱意を伝えるのに意識しているのが「形にすること」。たとえ素晴らしいことを考えていても形にしないと伝わりません。これまで私が著書を出したときは、必ず原稿を全て書き上げてから出版社に企画を提案していました。編集者からすれば現物を見たほうがイメージしやすいはず。たとえそのまま出版できなかったとしても熱意は伝わります。また提案した出版社に断わられても、他の出版社で採用されることもあります。

もしも、あなたがやりたいことがあるのであればすぐに動くこと、形にして見せることです。

の

残り時間を意識すること

人生で決まっていることは「終わりがあること」。わかっているのになかなか意識できません。若いうちは時間が無限のように思っていることが多いですが、時間は有限です。

無駄にする時間は1つもありません。特に時間を無駄にするのはやりたいことがないとき。そういうときこそ人のことを羨《うらや》んだり、妬《ねた》んだりして、余計なことに時間を費やします。いくら考えても何も変わりません。変えられることを考えること。これからは限られた時間の質をどれだけ高められるか。そのために必要なのは目標を持つことです。

■ 80歳まで生きるとしたらあと何日？

■ 残り時間を有効活用するには？

■ 1日を大切にするために何をしますか？

■ 80歳まで生きるとしたらあと何日？

18000日

（80-25）×365日

本当に生きたい年齢を考えて計算するのも良いです。

■ 残り時間を有効活用するには？

目標を持つこと、前日に明日やることを決めること、二度寝しない

人生のシミュレーションをする

■ 1日を大切にするために何をしますか？

忘れないように目標を壁に貼る、毎日、日記で反省する

絶対にやりたいことを考えておく

あわせて読みたい名言

■「この地上で過ごせる時間には限りがあります。本当に大事なことを本当に一生懸命できる機会は、二つか三つくらいしかないのです。（スティーブ・ジョブズ）」

■「明日死ぬかのように生きよ。永遠に生きるかのように学べ。（マハトマ・ガンジー）」

■「あなたが空しく生きた今日は、昨日死んでいった者が、あれほど生きたいと願った明日。（カシコギ〈小説〉）」

■「短時間に大きいことをやろうとあせるよりも、時間をかけて大きいことを成すべきである。（藤田田）」

就職活動の面接では、最後の振る舞いによって結果が覆《くつがえ》ることがあります。

人と会うときは常に、最後の言葉を意識すること。別れは思いもよらないときに、突然やってきます。たとえ別れを受け止めようとしても、後悔が残りやすく、その想いはいつか自分のためになります。だからこそ、別れを大切にしなければなりません。

出会った人と最後に交わす言葉は前向きな言葉にしましょう。「ありがとう」「楽しかった」「また会いたい」。相手が喜ぶのであれば、どんな言葉でもかまいません。

出会ったときから別れが始まります。良い別れをすることで良い出会いが生まれます。

は

早く失敗して、早く改善すること

何か新しいことを始めるとうまくいかないことやハプニングがつきもの。壁に全くぶつからず、失敗せずに成功できるということはほとんどありません。失敗するのであれば、早くすること。

失敗することは怖いかもしれませんが、失敗には良いことがたくさんあります。

「やらなかった」という後悔がなくなる、同じ悩みを抱える人の気持ちがわかる、それよりも大きな失敗をしなくなるなど。

本当に人が成長するのは失敗を乗り越えようとしたときです。うまくいかなくてもいいから心の動くままに挑戦しましょう。

■ 失敗から一番学んだことは何ですか？

■ 最近、レベルアップしたと感じたことは何ですか？

■ 10年後の自分のために何をしますか？

■失敗から一番学んだことは何ですか？

目標を1つに絞り込んで取り組むこと

失敗したらやり方を変える

■最近、レベルアップしたと感じたことは何ですか？

英作文

コミュニケーション力

定期的にできるようになったことを確認すると自信につながります。

■10年後の自分のために何をしますか？

英語の勉強、WEBサイト運営

肌をケアする、運動をする

10年後に限らず、20年後、30年後、将来の自分のために何をしたいか考えるのも良いです。

あわせて読みたい名言

■「『負けたことがある』というのが、いつか大きな財産になる。（スラムダンク〈漫画〉）」

■「元気を出しなさい。今日の失敗ではなく、明日訪れるかもしれない成功について考えるのです。（ヘレン・ケラー）」

■「間違ったことの言い訳をするよりも正しいことをするほうが時間がかからない。（ヘンリー・ワーズワース・ロングフェロー）」

■「もし間違いを犯しても、それが深刻なものであったとしても、いつも別のチャンスがある。失敗というものは、転ぶことではない。そのまましゃがみこんだままでいることである。（メアリー・ピックフォード）」

起業する醍醐味《だいごみ》の1つは「思いついたことをすぐに実行できること」。会社員とは異なり、上司や先輩に確認をとらずとも、自分だけの判断ですぐに行動に移せます。

しかし、思いつきで行動して、うまくいってもいかなくても、その結果は全て自分で引き受けなければなりません。

私が思いつきで行動したことのほとんどは、うまくいきませんでした。過去に思いつきで制作したブログには、1日数名の読者しかいませんでした。

とはいえ**失敗したからこそわかることもあります。**流行に惑わされないこと、アクセス数をいちいち気にしないこと、検索エンジンに期待しないこと。自分の軸が明確ではなかったため、まわりに振り回されていたのです。

失敗に気づけば、あとは改善するだけ。その後、1日1万PV（ページビュー）以上のWEBサイトを運営するまでになりました。

ひ

1人で頑張るのには限界があること

人の時間も能力も限りがあります。何か大きなことを成し遂げたいのであれば、まわりの協力が不可欠です。

そうはいっても、協力者を見つけるのが大変だったり、自分の思うようにまわりが動いてくれないことさえあります。

そのようなとき、できることなら1人で全てやってしまいたい気持ちになることもあるでしょう。

もしも、まわりの人に協力してもらいたいなら、「何のためにやりたいのか」という目的を共有すること。そして、周囲に何を助けてもらいたいのかをわかりやすく伝えることが大切です。

■ 1人で限界を感じたことは何ですか？

■ そのときの自分には何が必要でしたか？

■ 誰となら一緒に頑張れそうですか？

■ 1人で限界を感じたことは何ですか？

起業してうまくいかないとき

会社の目標達成

■ そのときの自分には何が必要でしたか？

プログラミング、財務知識、人脈、交渉力、
意地をはらないこと

常に応援してくれる人

■ 誰となら一緒に頑張れそうですか？

Iさん

会社の同期

1人だけではなく、たくさんいても良いです。

あわせて読みたい名言

■「人間、優れた仕事をするためには、自分一人でやるよりも、他人の助けを借りるほうが、良いものが出来ると悟ったとき、その人は偉大なる成長を遂げるのである。（アンドリュー・カーネギー）」

■「自分でできることは、頭を下げて他の人にやってもらえ。お前は誰にもできないことをやれ。（リクナビNEXT〈就職サイト〉）」

■「ひとりで見る夢は夢でしかない。しかし、誰かと見る夢は現実だ。（オノ・ヨーコ）」

世の中に完璧な人はいません。誰でも何かしらの欠点を持っています。欠点があることは悪いことではありません。大切なのは「自分にはできないこと」を自覚すること。自分のできないことを知っていれば、それをできる人と一緒に取り組めばいいのです。

私がどうしても制作したいWEBサイトのアイデアがあり、そのためのプログラミングを学ぶために専門学校に通っていたときのこと。

私が何時間もかけて作成したプログラムを、講師がわずか数分で作成する姿を見て、自分はプログラミングには向いていないことを悟りました。

そこで私は企画だけを担当して、講師にプログラミングを依頼することにしました。するとあっという間にWEBサイトが完成することに。

自分の欠点はやってみてわかることもあります。そして、お金を支払っても得意な人に依頼したほうが良い場合もあります。

ふ

プライドなんて持っても意味がないこと

こだわりを持つことは大切ですが、必要以上にこだわりを持つとまわりが見えなくなり、可能性を失います。

完璧を求めすぎて自己満足になっていることもあるかもしれません。捨てられないプライドなんてないはずです。こだわるのをやめたら楽になれることさえあります。

ただし、プライドを捨ててぶつかっても、まわりがこちらの期待に応えてくれないこともあります。むしろ、そのようなことのほうが多いかもしれません。それでもチャレンジし続けることが大切です。

■必要以上にこだわっていることは何ですか？

■あなたが譲れることは？

■プライドよりも大切なことは？

■必要以上にこだわっていることは何ですか？

企画書の表現、笑いをとること、成功すること

結婚すること

■あなたが譲れることは？

見せ方、目的に関係しないこと、過去の実績

外見、電車で座ること

■プライドよりも大切なことは？

生きること

幸せになること

小さなことにこだわっているうちは、
幸せが摑めないものです。

あわせて読みたい名言

■「大切なのは、他に対してプライドをもつことでなく、自分自身に対してプライドをもつことなんだ。他に対して、プライドを見せるということは、他人に基準を置いて自分を考えていることだ。そんなものは本物のプライドじゃない。（岡本太郎）」

■「自分の考え方、自分の仕事のやり方、自分の生き方。今までの人生の中で、拠り所としてきたすべてのものを、否定してしまうことだ。難しいのはよくわかる。けれど、そうしない限り、新しいものを創造することなどできはしない。過去の成功にしがみついている限り、未来の成功を手にすることはできないのだ。（三木谷浩史）」

時間をかけて取り組んだことほど、こだわりが強くなり、まわりの声が聞こえなくなることもあります。**こだわりすぎて、自分から可能性を狭めるのはもったいないこと。**

私はキャリアコンサルタントとして独立しましたが、自分の職業にこだわらないようにしていました。例えば、TOEIC対策本を出版したり、学生の出版を応援するプロジェクトに携わったり、時にはWEBプランニングコンテストに挑戦して、賞を頂くこともありました。

人生において携われる仕事は限られています。だからこそ、少しでも多くの仕事を経験すること。例えば、他の部署への異動を希望する、NPOでボランティアをすることなどができるでしょう。そうすることで強みが磨かれて、可能性が広がります。

「人は仕事で磨かれ、読書で磨かれ、人で磨かれる。（丹羽宇一郎）」

へ

偏見に出会ったら断固として戦うこと

あなたのことを馬鹿にしたり、非難したりする人もいるかもしれません。うまくいっていないときにそうした声を聞くと「本当にそうなのかもしれない」と不安に思うこともあるでしょう。

そのようなときこそ「今、自分は誰と向き合うべきなのか」を考えましょう。心ない偏見や批判を相手にする必要はありません。自分のやるべきことを考えること。もしも周囲の声に振り回されてしまうなら、まだ集中できていない証拠です。くじけそうなとき、諦めそうになったときは、自分の原点を見直すのも良いです。例えば、自分の想いを紙に書き留めて、あとで振り返れるようにすると良いでしょう。

■ これまでに人に馬鹿にされたことは何ですか？

■ 今、そのときのことを振り返ってどう思いますか？

■ これからも糧にしたい言葉は？（一番感銘を受けた言葉は？）

■これまでに人に馬鹿にされたことは何ですか？

中学生のときにグループに入れてもらえなかったこと

恋人や友人からファッションセンスについて
指摘されたこと

■今、そのときのことを振り返ってどう思いますか？

結果を出せば、まわりは認めてくれる

確かに気にしなさすぎた。今はまともなほうだと思う。

■これからも糧にしたい言葉は？（一番感銘を受けた言葉は？）

明日は明日の風が吹く

「努力」より先に「成功」が出るのは辞書の中だけ

あわせて読みたい名言

■「『人にバカだと思われたくない。笑われたくない』そう思って失っているもの。それに囚われて自分の殻からさらに一歩踏み出せずにいる人が、どれだけいることだろう。でも、自分の人生を賭けて、掴みたいものがあるなら、人に笑われること、バカにされることを恐れてはならない。信念を貫くということは、『人にどう思われるか』より先ず、『自分がどう生きたいのか』に集中することだ。『既成概念を自分が変えてやるのだ』という位の、気合いを入れて生きること。（エド・はるみ）」

■「この世には誰からも好かれる人間なんていないものよ。だって誰からも好かれる人間を嫌う人間というのが必ずいるでしょ。（白い巨塔〈ＴＶドラマ〉）」

20代でキャリアコンサルタントとして活動していた私は、年配の方から経験の少なさについて指摘されることもありました。「若いのに何がわかる」と言われたり、言葉には出さないまでも相手の態度からそのように感じたりすることもありました。特にキャリア関連の仕事は、キャリアが長い人ほど良いとされる風潮があります。しかし、稀《まれ》に、若いことについて好意的に見てくれる人もいました。

「年齢が近いからこそ学生の立場がわかる」

そんなふうに応援して下さる方の気持ちは有難かったものです。あなたに想いがあれば、認めてくれる人が現われます。

とはいえ、**相手の立場になれるかどうかは年齢と関係ありません。いくつになってもどれだけ真剣に相手のことを考えるか。**１００％相手の立場になれなくても、できる限り相手の立場になろうとする姿勢が大切です。

ほ

本当にやりたいことに集中すること

やりたくないことを無理して続けようとしても続きません。「頑張る」ことを頑張らないこと。「頑張る」のは良いことですが、「頑張ることが目的」になってはいけません。本当にやりたいことだけを、人は続けることができます。それが本当にやりたいことであれば、辛いことも、苦しいことも気にならないはずです。

もしもやりたいことが見つからないのであれば、少しでもやりたいと思ったこと、思いついたことをやってみること。知っていることの中からしかやりたいことは生まれません。何も行動せずに、やりたいことは生まれません。

■ あなたが集中して取り組んで達成したことは？

■ あと３年しか余命がないとしたら何をしますか？

■ あと１日しか余命がないとしたら何をしますか？

■あなたが集中して取り組んで達成したことは？

大学受験で志望校に合格したこと

ダイエット（20キロ痩せた）

■あと3年しか余命がないとしたら何をしますか？

多くの世界遺産を見る、高級ホテルに宿泊、
食べたいものを食べる

自分のプロモーションビデオを作ってみる

■あと1日しか余命がないとしたら何をしますか？

遺書を書く、家族と過ごす

おいしいものを好きな人と食べる

あわせて読みたい名言

■「人の言う事は気にするな『こうすれば、ああ言われるだろう』、こんなくだらない感情のために、どれだけの人がやりたいこともできずに死んでいくのだろう。（ジョン・レノン）」

■「ほとんどの人は今持っているものを守ることに必死で、ほんとうに夢見ているものを手に入れるためのリスクを避けている。（アンソニー・ロビンズ）」

■「自分がどう生きるかではなくて、自分以外の人をいかに自分の思いどおりにするかということが、自分の悩みだと思っている人が増えているようです。自分以外のものを自分の思いどおりにするという考え方を全部やめる。自分がどう生きるかだけまず考える、というのはどうでしょうか。（小林正観）」

私が就職支援の活動を始めたのは学生時代からでした。最初は大学の後輩や知り合いから就職活動の相談を受けていました。その後、就職して社会人になっても、ボランティアとして続けていました。本業の仕事もあることから就職支援を仕事にしようとは思っていませんでした。

しかし、多くの学生の方から感謝して頂くうちにやりがいを感じるようになり、キャリアコンサルタントとして独立することになりました。

やりたいことははじめから明確にあるわけではなく、やっているうちに「本当にやりたいこと」に変わるのかもしれません。

アップルの創設者スティーブ・ジョブズはスタンフォード大学の卒業式のスピーチでこのように述べています。

「未来を見て、点を結ぶことはできない。過去を振り返って点を結ぶだけだ。だから、いつかどうにかして点は結ばれると信じなければならない」

ま

迷ったらすぐにやってみること

迷っていると、あっという間に時間が過ぎます。どの選択肢が正しいのかは未来の自分にしかわかりません。まずは選んでみること。あとは自分が選んだ選択を、正解にするために行動するだけです。迷ったらどちらでも良いのですぐにやってみること。私たちはつい自分に限界を作り、無難な道を選ぼうとします。そのようなときこそ「本当にやりたいかどうか」考えましょう。

いくら楽な道を選んでもやる気がなければ続きません。反対にどんなに困難な道でも、やる気があれば続くものです。あなたが不可能だと思わない限り限界はありません。

■ 迷っていることは？

■ 他にどのような選択肢がありますか？
（選択肢を作るとしたら？）

■ あなたが選択するときの基準は何ですか？

■迷っていることは？

このまま今の仕事を続けるかどうか

今の人でいいのだろうか

■他にどのような選択肢がありますか？（選択肢を作るとしたら？）

半年間だけ会社のために全てを注ぐつもりで働く

とりあえず他の男性と会ってみる

目の前の仕事に真剣に取り組むことで次につながります。

■あなたが選択するときの基準は何ですか？

誇れるかどうか、今よりプラスになるか

自分の気持ち

直感を信じることも大切です。

● あわせて読みたい名言

■「長く待ちすぎるより早すぎる行動に価値がある。（ジャック・ウェルチ）」

■「私は思い付いたことを今すぐ、直ちにやれ、ということを常に言ってきた。考えたことを実行に移す人は１％、しかしその中のさらに１％が直ちに行動を起こす人だ。そうしてこそ、チャンスが生まれる。（ジャック・マー）」

■「判断に迷った時は、より大きな集団の利益を優先することだ。自分よりも仲間たち。仲間たちよりも社会全体。そうすれば判断を間違うことはないだろう。（アルフレッド・アドラー）」

選択肢を前にして迷う理由として、選択肢が多くて決められない、損をしたくない、まわりの目が気になるということなどがあります。一番多いのは「優先順位もしくは基準が明確になっていないこと」。そんなときは、自分なりのルールを決めると判断しやすくなります。

例えば、私はお金を使うときは「どんなに高くても支払うお金以上の価値を感じれば購入する」と決めています。心理学の資格を取得する際には約100万円かかりましたが、専門学校のスタッフから講座の説明を受けたその日に申し込みました。その後、大学で心理学の講義を行なう、メディアから取材を依頼されるようになるなどお金以上の価値がありました。

自分に投資をして損することはありません。もしも、あなたがお金を払うことを迷ったとき、思い浮かべて欲しい言葉があります。

「迷う理由が値段なら買え、買う理由が値段ならやめとけ（未詳）」

み

みんなという言葉に安心しないこと

他人と同じことをするのは楽かもしれませんが、それだけで本当に楽しむことはできません。「みんながそうしているから」「みんなと同じだから」、人と同じこと、人から与えられたことを続けても、満足できるわけではないのです。

本当に満足したければ、自分が「心の底からやりたい」と思うことをすること。それが最初からうまくいくことはありません。結果が出るとも限りません。それでも、やったことに後悔はありません。行動に移せば、挑戦した自分に納得できるものです。

みんなが正しいと思ったことが正しいとは限りません。

■ まわりに合わせていることは？

■ 自分らしさとは？

■ 何を基準に行動しますか？

■ まわりに合わせていることは？

残業すること、朝早く出社する

まわりの人との会話

これからは毎日働かない方法を考えるのも良いかもしれません。

■ 自分らしさとは？

挑戦し続けるところ、諦めが悪い、集中しているとき

マイペース

■ 何を基準に行動しますか？

目的に合っているかどうか

その場のノリで決めてしまう

● あわせて読みたい名言

■「自分が選んだ道は間違いないって思いたいから 他の人が選んだ道が間違ってる理由を探すことほど意味のないことはない。そんなことをしても自分が選んだ道に自信なんか持てない。やっぱり自分の道は自分が納得して歩くのが『自分の道』。(未詳)」

■「障害があったらのりこえればいい！道をえらぶということは、かならずしも歩きやすい安全な道をえらぶってことじゃないんだぞ。(ドラえもん〈漫画〉)」

■「何事かを成し遂げるのは、強みによってである。弱みによって何かを行うことはできない。できないことによって何かを行うことなど、到底できない。(ピーター・ドラッカー)」

社会人として最初の職業が、自分に与える影響は多いもの。後に転職するなどして、色々な仕事に就《つ》くかもしれませんが、最初に身に付けた仕事に対する姿勢、仕事のやり方などは変わらないものです。だからこそ最初に入社する企業を選ぶことはとても重要です。

ずっと同じ企業で働き続ける人もいますが、そのような人こそ気をつけたいことがあります。それは**「自分で考えること」**。

「前の人がしていたから」「先輩に教わったから」「これが当たり前」と言って、何も疑わずに仕事をしないこと。**「本当にこれで良いのか」「もっと良くできないか」と疑いながら仕事に取り組みましょう。**

新しいことを始めることや、変化を怖がらないこと。一番怖いのは現状に慣れてしまい、新しいことを始めようとしなくなることです。そうならないために入社した頃の気持ちを思い出すのも良いです。

む

群れずに「違い」を意識すること

世界中どこを探しても、あなたと同じ生き方をしている人はいません。

自分からまわりに合わせるのはもったいないこと。

人と違ったことをするのは怖いかもしれません。

でも、怖がる人が多いからこそ、勇気を持って一歩踏み出したとき、人とは違った道が開けます。自分だけの道を切り拓き、あなた以外にできる人がいない、それぐらいになるまでの「違い」を見つけることが大切。

決して簡単なことではありません。最初から「違い」はありません。

自分を磨き続けることで「違い」は生み出せます。

■「自分らしくないこと」をしたことは？

■あなたにしかできないことは？

■人と違ったことをするとしたら？

■「自分らしくないこと」をしたことは？

髪を伸ばす（流行を追う）

親に感謝すること

相手が喜ぶことであれば、自分がどう見えるかなど気にしないこと。

■あなたにしかできないことは？

企画

人を信じ続けること

すぐに記入することは難しいかもしれません。仮に他の人ができそうであっても、自信を持って言えるかが大切です。

■人と違ったことをするとしたら？

毎日働かない、1カ月休みを取る、英語を短期間でマスターする

会社を辞めて地方に移住する、1人で24時間マラソンに挑戦する

あわせて読みたい名言

■「みんな、私の着ているものを見て笑ったわ。でもそれが私の成功の鍵。みんなと同じ格好をしなかったからよ。（ココ・シャネル）」

■「100人のうち、99人は右へ。でも自分ただ1人だけが左の道へ。この行動が吉と出るときもあれば凶と出るときも必ずある。でも自分を曲げない心、他人に流されない強い信念、その勇気は、必ず大吉と出るに違いない。（未詳）」

■「成功した時にスポーツ紙の一面になるのは普通の選手。失敗した時にスポーツ紙の一面になる選手は限られている。一面で失敗を取り上げられ叩かれることに誇りを持てばいい。（三浦知良）」

就職活動では安定志向の若者が増え、大手企業を受ける傾向にあると言われています。いくら世間で評判が良い企業に勤務しても安定は得られません。安定を外に求めている限り安定することはありません。

本当に安定を求めるなら、再現性のある力を身に付けること。

どんな時代でも、どんな人と一緒に働いても、どんな環境でも稼げるようになることです。

仮にあなたが会社に勤めていて、突然、クビになったとします。明日からお金を稼ぐ自信がありますか。もしも、その自信がないのであれば、何が足りないのでしょうか。

まずはそれらを身に付けるために仕事に向き合いましょう。常に「あなたから会社をとったら、何が残るのか」を考えるのも良いです。

め

目上の人に甘えてもいいこと

若いうちは経験がありません。あるのは若さ、もしくは時間だけ。経験がないのであれば、経験がある人に頼るのが一番です。あなたが解決できない問題をあっという間に解決してくれることもあります。

経験がある人、目上の人に頼って良いのかどうか遠慮する必要はありません。あとでしっかり恩を返せばいいのです。

ただし、今の自分が相手にできることを考え、中途半端な気持ちでお願いしないこと。どうして協力して欲しいのか、熱意を伝えることが大切です。時間をかけて交流し、その人の持っている知恵を自分のものにしましょう。

■目上の知り合いが何人いますか？

■どの人に甘えますか？

■その人のために何ができますか？

■目上の知り合いが何人いますか？

約100人

仕事、趣味、親戚など思い浮かべると良いです

10人

■どの人に甘えますか？

誰でも

これぐらい貪欲で十分です。

Kさん

■その人のために何ができますか？

おいしいお店を紹介する

残業を減らすアイデアを話す、仕事で結果を出す

あわせて読みたい名言

■「目上の人から誘いを受けたら必ずついていくことも心がけてほしい。普段いる世界とは違う世界の人と知り合いになれるだろう。そういう運は目上の人からしかもらえない。（本田健）」

■「人と人のつながりで欠かせない視点、それは『あまり短期で考えるな』ということです。（藤崎一郎）」

■「話すときに、相手によって態度を変えないことも重要です。目上の人には丁寧に接するのに、目下の人には横柄な物言いをする、といった振る舞いは、信頼を損なう元です。ポジションにかかわらず、どんな相手でも尊重する態度を持ちたいです。（橘・フクシマ・咲江）」

人脈は築き上げるもの。20代の頃は人脈がないため、私も目上の方に頼ったことがあります。

今、あなたにできることは限られているかもしれません。忙しい人であればあるほど、偉い人であればあるほど、アプローチしても連絡がこないこともあります。**でも、本当に頼りたいのであれば、まずはアタックしてみることです。**

とはいえ、相手に頼るだけではいけません。できる限りのことをすること。例えば、相手がSNSをしていれば、それらを読み、感想を伝えることができるかもしれません。どうしたら相手が喜ぶのかを考えます。

私が仕事を紹介して頂いた方から、取引先として検討している企業についての意見を聞きたいと依頼されたときのこと。回答はメール1通で済ませることも可能でしたが、対象企業について10人ほどの学生にヒアリングを行ない、報告書を作成してその方に提供しました。するとその後も、私に仕事を紹介して頂けたということもありました。

も

目的がない行動は無駄であること

目的が定まっていないと、色々なことに目移りし、時間を無駄にします。そもそも何のために頑張っているのかわからなければ、集中することも、続けることもできません。

時間がないときこそ、自分がどこに向かって頑張っているのか、何のために頑張っているのか定期的に確認することが大切です。

もし、間違った方向へ進んでいるとしたら、ゴールに辿《たど》り着くことはありません。

■ これまで達成してきた目標は何ですか？

■ 今、達成したい目標は何ですか？

■ 目標を達成したらどんな気分になりますか？

■ これまで達成してきた目標は何ですか？

手がけた本が増刷になったこと

毎年、海外へ行くこと

■ 今、達成したい目標は何ですか？

100 万部のベストセラーを生み出すこと

Twitterでフォロワー1万人を達成すること

■ 目標を達成したらどんな気分になりますか？

楽しくて仕方がない

うれしい

あわせて読みたい名言

■「成功のはしごに足をかける前に、それが目当てのビルに立てかけてあるかどうか確かめろ。（スティーブン・R・コヴィー）」

■「どれほど信じがたい偉業を成し遂げた人も、第一歩はみな同じだ。すなわち、目標の設定である。（アンソニー・ロビンズ）」

■「目標を達成するには、全力で取り組む以外に方法はない。そこに近道はない。（マイケル・ジョーダン）」

■「成功の鍵は、的を見失わないことだ。自分が最も力を発揮できる範囲を見極め、そこに時間とエネルギーを集中することである。（ビル・ゲイツ）」

あなたはこれまで生きていた中で、心から満足して過ごせた日はどれくらいありますか。20代の頃、私は数えるほどしかありませんでした。毎日どのようにしたら満足して過ごせるのか悩み、「理想の1日の過ごし方」を書き出したこともあります。しかし、その通りに過ごせず自信を失ったこともありました。目標が高すぎたのです。

そこでまずは「1日の中でできそうなこと」を考え、実践することにしました。そして、寝る前に何ができたのか確認しました。**毎日できたことを確認することで達成感を得やすく、自信につながります。**

さらに明日どのように過ごすのかイメージします。前日に想像するだけでも実践しやすくなります。

や

やり直すのに遅いことはないこと

全てを投げ出す覚悟で臨んだとしても、うまくいかないこともあります。そのときは、イチからのやり直し。やり直してもすぐに結果が出ることはありませんが、毎日努力することで1歩ずつ成長します。そして、「今からでは無理ではないか」と思うような目標でも達成することができます。よほど運が良い人でない限り、目に見える結果を得るには3年かかります。イギリス人の記者によれば天才と呼ばれるような人は目安として1万時間費やしています。1日10時間以上取り組めば3年。それでも結果が出なければ、またやり直すだけ。努力した経験が無駄になることは1つもありません。

■ やり直したいことは何ですか？

■ やり直すために何が必要ですか？

■ 今からやり直すとしたら何をしますか？

■ やり直したいことは何ですか？

留学する

元カレ

■ やり直すために何が必要ですか？

時間とお金、 自信

冷静になること

> 時間とお金がないからできないのではなく、やる気がないだけである場合が多いです。

■ 今からやり直すとしたら何をしますか？

短期留学する（1カ月）、毎日、英語の動画を真似する

しばらく連絡を取らない

> 会社員でも1カ月休み、留学する人もいます。

あわせて読みたい名言

- 「何を始めるにしても、ゼロからのスタートではない。失敗や無駄だと思われたことなどを含め、今までの人生で学んできたことを、決して低く評価する必要は無い。（カーネル・サンダース）」
- 「われわれの最大の栄光は、一度も失敗しないことではなく倒れるごとに、起き上がるところにある。（オリヴァー・ゴールドスミス）」
- 「人生はマラソンなんだから、百メートルで一等をもらったってしょうがない。（石坂泰三）」

あなたの人生において、やりたいことに挑戦できるチャンスが1回しかないとしたらいつ挑戦しますか。今ですか？　10年後ですか？　30年後ですか？

人生は諦めなければ、いつでもチャンスがあります。例えば、ケンタッキーフライドチキンの創業者カーネル・サンダースが起業したのは65歳のときでした。2年間フランチャイズの営業を続け、1009件断わられ、その結果として、今日のような世界的チェーンを展開するまでの成功に至ったのです。

今の自分の能力や評価だけで人生の価値を決めないこと。目の前の目標にとらわれないように10年後、20年後、30年後どうなりたいのか考えてみましょう。ココ・シャネルはこのような言葉を残しています。

「女は40を過ぎて初めておもしろくなる」

あなたに大切なのは「今」と「これから」です。

ゆ

勇気は体験から生まれること

勇気があるから行動するのではなく、行動するから勇気が湧いてきます。

時には恥ずかしい思いをしたり、悔しい思いをしたりすることもあるかもしれません。それらをバネにしようと考えたとき、その思いは大きな勇気へと変わります。

そして、うまくいくとまわりから感謝され、自分のやりたいことができるようになり、自信がつき、もっと大きなことをしようとする勇気が得られます。

勇気を出すのに最も難しいのは「最初の一歩を踏み出すこと」です。

体験がないからこそ怖がる人もいますが、一歩前へ出ましょう。

■ 勇気を出して取り組んだことは？

■ どのような結果になりましたか？

■ その中でやってみて良かったことは？

■勇気を出して取り組んだことは？

イギリスに留学したこと

5年続けた仕事を辞めて、転職したこと

仕事は3年、5年、10年が一区切り。5年働けば、一人前です。他の仕事を検討するのも良いです。

■どのような結果になりましたか？

色々な外国人と知り合えて、
何でもできる気持ちにもなれた

新しい世界を知ることができた

勇気を出すことで世界が広がります。

■その中でやってみて良かったことは？

日本のよさを知ってもらうプロジェクトに
取り組んだこと

色々な業界を見たこと

●あわせて読みたい名言

■「大抵の者は、自分では想像も出来ないほどの、素晴らしい勇気を持っている。(デール・カーネギー)」

■「自分に自信がない時周りの人が輝いて見える。自分は自分でしかなく自分でいいのに他人と比べて卑屈《ひくつ》になる。自分の悩みや不安を聞いて支えてくれる人は本当に助かる。でも自信を持って歩き出す時自分の背中を押すのはやっぱり自分しかいない。歩き出す事が自信になる。(未詳)」

■「本当の勇気とは自分の弱い心に打ち勝つことだよ。包み隠さず本当のことを正々堂々と言える者こそ本当の勇気のある強い者なんだ。(ムーミン〈漫画〉)」

「会社員を経験してから起業したほうがよいのか」それとも「最初から起業したほうがよいのか」と学生から聞かれることがあります。

正解はありません。不安に思っていて行動しなければ、状況は変わらないので、時間がもったいないだけです。迷いを断ち切り、決断してしまえば、行動を起こすしかありません。

もしも、すぐに決断できないなら会社員として働きながら、ボランティアとして、やりたいことに取り組むのも良いでしょう。

好きなことで稼ぐことは大変なこと。お金を貯め、実績を積み上げてからでも遅くありません。そうするうちに勇気が湧いてきます。仮に起業しなくても、ボランティアで得た知識や経験が本業にも活きることがあります。

努力した経験が無駄になることはありません。

よ

余裕がないと人を傷つけること

自分に余裕がないときは、人の悪いところが目に付きやすくなり、相手に八つ当たりしてしまうことがあります。

人を傷つけてしまうとき、相手に問題があるのではなく、自分に問題がある場合が多いです。

相手はあなたのことを心配してくれているのかもしれません。

もしも相手の言動に不満を持ったり、文句を言いたくなったら、相手の立場になって今の状況をどう思うのか一度考えてみましょう。

成功する人はたとえ追い詰められた状況や余裕がない状況であっても、人の話を聞くことができるものです。

■余裕がないときにしてしまうことは？

■余裕があればできることは？

■余裕を生むためにどうすれば良いか？

■余裕がないときにしてしまうことは？

部屋が汚くなる

丸投げ

部屋は心の状態を表わします。部屋を片付ければ、心がすっきりします。

■余裕があればできることは？

人の話を聞ける、アイデアが生まれる

相手を労《いたわ》る、説明する

人に依頼するときには目的、そして、具体的な方法を伝えることが大切。

■余裕を生むためにどうすれば良いか？

1人の時間を作る、体を動かす、
付き合いたくない人と会わない

焦っている自分に気づく

あわせて読みたい名言

■「相手を説得する場合、激しい言葉をつかってはならぬ。結局は恨まれるだけで物事が成就できない。（坂本龍馬）」

■「江戸の人は、心を傷つける言葉を『刺し言葉』といった。刀の傷は治る。言葉の傷は治らない。（未詳）」

■「幸せって余裕から生まれるもので、自信も余裕から生まれて、優しさも余裕から生まれる。余裕は何から生まれるかというと人や物への感謝から。余裕がない人は“ありがとう”と“当たり前”を勘違いしてると思う。（未詳）」

■「自分に思いやりが足りない人ほど相手に思いやりを求める。自分の言葉が相手を傷つけていないか、まず反省してみる事。（美輪明宏）」

他人を思いやる

「口は人を励ます言葉や感謝の言葉を言うために使おう。耳は人の言葉を最後まで聴いてあげるために使おう。目は人のよいところを見るために使おう。手足は人を助けるために使おう。心は人の痛みがわかるために使おう」

医者から「一生、寝たきり」と宣告され、自殺未遂までして、奇跡的に復活された腰塚勇人さんの5つの誓いです。

生きているだけでも有難いことですが、余裕がないとそれさえも忘れてしまいます。相手のことを傷つけているのさえ気づかないこともあります。

自分に与えられた命を、他人を思いやって使うことで、人生は価値あるものとなります。

ら

ライバルがいたほうが良いこと

自分の実力がどれくらいなのか把握することは難しいもの。他人と比較する、競い合うことでわかることもあります。競い合っているうちに自分の能力以上の力を発揮できることもあります。

ただし、あまりにもまわりを気にしすぎないこと。上には上がいます。追いつこうとして努力することは大切ですが、卑屈にならないように。その人にはない「あなたにしかないもの」を伸ばせば良いだけです。

自信がないときほどまわりと比較しがちですが、そんなときは周囲と比較するのではなく、過去の自分と比較しましょう。成長を実感することができて自信につながるでしょう。

■ あなたのライバルは？

■ あなたがライバルよりも優れている点は？

■ それをもっと伸ばすためには？

■あなたのライバルは？

アインシュタイン

同期のOさん、過去の自分

亡くなっている人、会ったことがない人をライバルにしても大丈夫。判断に迷ったとき、その人ならどうするのか考えると良いです。

■あなたがライバルよりも優れている点は？

今はないかもしれない

企画力、相談件数、WEB知識

■それをもっと伸ばすためには？

プレゼンテーションする機会を増やす

毎日企画を考えてメモする（ノート10枚）

あわせて読みたい名言

■「ライバルに差をつけたいのなら、環境を変えてほしい。なんだかんだ言っても一度ぬるま湯に浸かってしまうと、なかなか抜け出せない。だから、何か物足りないと思ったら、自分のことを知らない環境に、飛び込んで行ってほしいと思う。（本田圭佑）」

■「美しい女性を口説こうと思った時、ライバルの男がバラの花を10本贈ったら、君は15本贈るかい？そう思った時点で君の負けだ。ライバルが何をしようと関係ない。その女性が本当に何を望んでいるのかを、見極めることが重要なんだ。（スティーブ・ジョブズ）」

もしあなたがプロゴルファーになり、優勝を競い合っているライバルがパットを外せば、賞金が5000万円入る場面に立たされたらどのように思いますか。「外して欲しい」と思うかもしれません。

しかし、実際のゴルフトーナメントのプレイオフでライバルがパットを打つとき「入れ！」と願ったプロゴルファーがいます。歴代1位の賞金獲得金額を誇るタイガー・ウッズ選手。結果はライバルがパットをミスし、ウッズ選手の優勝となりました。ライバルが外した瞬間、ウッズ選手は、本当に悲しそうな表情をしていました。

彼はどうしてライバルを応援していたのでしょう。パットを外すイメージを持つことで、自分自身の次のプレーへのモチベーションを下げないようにした、という理由もあるでしょう。しかし、何より相手の失敗を願うことは世界最高のプレーを理想とする自分とかけ離れていると思ったからです。ライバルを応援するぐらいの余裕を持ちましょう。

り

リラックスを心がけること

気負っているとなかなか結果が出ません。まわりはそれを感じ取って、あなたを避けたり、反対に、余裕を持たせたりしてしまいます。緊張はまわりの目を意識しているときに起きやすいもの。

まわりは自分が思っているほどあなたに期待していません。自分が期待されているという思い込みを減らすことでリラックスできます。

本番で結果を出したいのであれば、練習のときから本番をイメージして臨むこと。反対に本番に臨むときは練習をしているかのようにリラックスして臨むこと。

■緊張して失敗したことは？

■リラックスしていることはどのようにしてわかりますか？

■そのようになる（リラックスする）ためにどうすれば良いですか？

入社した頃はなかなか発言しづらいですが、ただ座っているだけでは意味がありません。会議や打ち合わせでは発言すること。

■緊張して失敗したことは？

初デート

新人の頃に打ち合わせのときに何も発言できなかったとき

■リラックスしていることはどのようにしてわかりますか？

うまくいくと思っている

落ち着いて話している、色々な人に話しかけている

■そのようになる（リラックスする）ためにどうすれば良いですか？

ともかく練習すること

事前に練習する、余裕を持った締め切りを設定する

●あわせて読みたい名言

■「リラックスするとはどういうことか？　この言葉を何千回も耳にしながら、その意味が本当に分かっている人はほとんどいない。私たちのほとんどは『やるべきこと』がなくなってからリラックスしようと考えている。人生の書類入れが空になることは絶対ないのに。（リチャード・カールソン）」

■「ご存じだろうか、1日中礼儀正しく朗らかな気持ちで仕事をすれば、1日中腹を立てて仕事をしたときよりも、夜寝るときの疲労がずっと少ないということを。にこにこ朗らかにしていれば緊張がほぐれる。疲れるのは仕事のせいではない。心の持ちようが悪いのである。この方法を一度試してみることだ。（デール・カーネギー）」

失敗やミスは普段していないことをしようとするから起こります。毎回、打席に立つときに同じ行動を繰り返して、最高のパフォーマンスを見せることで有名なのがメジャーリーガーのイチロー選手。イチロー選手は打席でバットを垂直にかまえ、左手を右上腕部に添える仕草を毎回していきます。このポーズをすることで集中することができ、ヒットを量産できるのです。そのポーズをとることによって、勝てる自分になるスイッチを入れているのでしょう。

験《げん》を担ぐのと似ているかもしれません。もしも、これから勝負をしなければならないときがあれば、自分だけのそんな「集中できるスイッチ」「うまくいくスイッチ」を作りましょう。

いつもと同じ行動をして、同じ心の状態で臨むことができれば、失敗は少なくなります。

る

ルールを変えても良いこと

世の中には遅刻しない、挨拶《あいさつ》をするなど色々なルールがあります。そのルールが何のために存在するのか考えてみましょう。必ず理由があるはず。

目的を達成するためにルールを守ることがベストなのであれば、守ることが一番。しかし、そうではないのであれば、ルールを守る必要はありません。まわりが正しいと思うことよりも「自分が正しい」と思っていることが大切です。

自らルールを作り出しても良いのです。もしも、一人でルールを変えるのが難しければ、まわりの人を巻き込むのも良いでしょう。

■よく守っているルールは？

■変えても良いルールは何だと思いますか？

■新しくルールにしたほうが良いことは？

■よく守っているルールは？

人に迷惑をかけない、時間を守る、平日に働く

会社のルール（たくさん）

■変えても良いルールは何だと思いますか？

倹約すること

昼食時間が同じ

まわりのためになるのであれば、発言してみること。思っているだけでは何も変わりません。

■新しくルールにしたほうが良いことは？

思いついたことはやってみる

毎日、学んだことを共有する

あわせて読みたい名言

■「常識とは、18才までに得た偏見のコレクションである。（アルベルト・アインシュタイン）」

■「何事も、今ある規則のとおりにやっていたのでは進歩はない。規則を破るようなことをやらないと、現状はなかなか変わらない。規則を破ったとしても、皆が応援するような破り方をすればよい。そうすれば、新しい良い規則がずっと早く出来る。（日野原重明）」

■「言われていること以外に自分で何をするかです。それを苦痛と感じるかどうかが、一流になるかならないかの分かれ目。（井村雅代）」

ルールを守ることも大切ですが、守ろうとする意識が強すぎると挑戦しなくなります。たとえ、そのルールが間違っていると思っていても、「どうせ変えるのは無理だろう」と思ってルールに従うようになるのです。

とはいえ、自分の都合でルールを変えようとしても誰も賛同してくれません。**自分の思うように簡単に人は動きません。**なぜルールを変えたいのか、ルールを変えたほうがみんなのためになるのかを諦めずに伝え続けましょう。「I Have a Dream」で知られる有名なスピーチを行なったマーティン・ルーサー・キング・Jrはこのように述べています。

「最大の悲劇は、悪人の暴力ではなく、善人の沈黙である。沈黙は、暴力の陰に隠れた同罪者である」

「おかしいな」と思っても黙ったままでいたら何も変わりません。あなたの一歩の勇気で、皆に良い結果をもたらすかもしれません。

れ

冷静になって考えること

冷静になるために大切なことは我慢です。特に怒っているときはそのことばかりに頭がいってしまい、怒りが増していきます。

そんなときこそ冷静に考えること。時間をおくことで忘れられることもあります。今の自分がそのことについてこだわっている状態を、将来の自分から見たらどう思うのか考えるのも良いです。

うまくいかないときは心が乱れている場合が多いもの。自分の想定していない事態が起きると、冷静になることは難しいかもしれませんが、冷静になっているフリを演じることはできるはず。そのように振る舞っているうちに、いつの間にか冷静に対処できるようになります。

■冷静にならずに失敗したことは？

■今抱えている問題は？

■その問題を 10 年後の自分が考えたら？

■冷静にならずに失敗したことは？

上司とぶつかったこと

恋人と喧嘩したこと、
告白するタイミングを間違えたこと

感情論になったら上司（立場が上の人）に負けてしまいます。
あらかじめ代替案を用意しておくと良いです。

■今抱えている問題は？

時間を無駄にしていること、
やりたいことに集中できていないこと

仕事をこのまま続けるか

■その問題を10年後の自分が考えたら？

人生の目的を持ったほうが良い

仕事を辞めて良かったと思うかもしれない

問題にぶつかると視野が狭くなるため、視座を高めて（将来の自分になって）考えるのも良いです。

あわせて読みたい名言

■「どっちも自分が正しいと思ってるよ。戦争なんてそんなもんだよ。（ドラえもん〈漫画〉）」

■「冷静に、かつ忍耐強く、未来を見通す力だけが未来を実現してゆく。（ナポレオン・ボナパルト）」

■「『辛抱強さ』や『冷静さ』は、知能指数よりも重要かもしれないと、私は思っています。（ウォーレン・バフェット）」

■「自分の価値観で人を責めない。一つの失敗で全て否定しない。長所を見て短所を見ない。心を見て結果を見ない。そうすれば人は必ず集まってくる。（吉田松陰）」

私は広告代理店に勤務していた頃、口癖となっていた言葉があります。「なるほど」「わかります」と、なるべくお客様に共感しようとしていたのです。

お客様のご要望には、明らかに無理なこともあります。しかし、最初から「無理です」「難しい」と言ってはいけません。お客様を不快にさせるだけです。

まずは否定から入らず、相手の要望を全て受け入れること。そして、冷静になるための時間をとり、できること、できないことを考えた上で丁寧に相手に伝えます。

たとえ同じことを伝えたとしても、タイミングによって相手の印象は異なります。相手が受け入れやすいタイミング、受け入れやすい言い方・話し方を相手の立場になって考えてから伝えることが大切です。

ろ

ロマンを忘れないこと

無難な夢を追いかけても楽しくありません。達成できなさそうな夢を達成してこそ最高の満足が得られます。

思い浮かべて楽しくなるような夢を追いかけましょう。最初からうまくいく人はいないもの。時にはうまくいかないことが続いて「無理なのではないか」と思うこともあるかもしれません。それでも諦めないこと。壮大な夢であればあるほど時間が必要となります。夢を叶えられるかどうかは執念の差で決まります。

■ これまでにあなたが達成した最大のことは？

■ それ以上のことをするとしたら？

■ 一生をかけても成し遂げたいことは？

■これまでにあなたが達成した最大のことは？

1000人規模のイベントを成功させたこと

剣道で3位に入賞したこと

■それ以上のことをするとしたら？

テレビで紹介されるようなヒット商品を手がける

日本語教師として日本の良さを
たくさんの外国人に教える

■一生をかけても成し遂げたいことは？

学校の教科書に載ること

誰でも理解できる言語を作る

100年後、200年後に達成できるような、自分の人生では達成できないくらい大きな夢を描いてみるのも良いです。

あわせて読みたい名言

■「やると決めたら絶対にあきらめたらアカンのです。もう一歩、もう一回。この『もう一回の執念』を忘れている。成功するかしないかは執念の差なんです。（永守重信）」

■「実際にどう生きたかということは大した問題ではないのです。大切なのは、どんな人生を夢見たかということだけ。なぜって、夢はその人が死んだ後も生き続けるのですから。（ココ・シャネル）」

■「夢なき者は理想なし。理想なき者は信念なし。信念なき者は計画なし。計画なき者は実行なし。実行なき者は成果なし。成果なき者は幸福なし。ゆえに幸福を求むる者は夢なかるべからず。（渋沢栄一）」

「夢を追う勇気さえあれば、すべての夢は叶えられる。（ウォルト・ディズニー）」

ディズニーランドの創始者ウォルト・ディズニーは、フロリダ州オーランドにある「ディズニー・ワールド・リゾート」の完成を見ないまま亡くなりました。リゾートが完成した際、リポーターが弟の遺志を引き継いだ兄のロイ・ディズニーに「ウォルトが生きていて、このテーマパークの開園が見られれば良かったのに。残念ですね」と尋ねました。

すると、ロイ・ディズニーはこのように答えました。

「最初に見たのはウォルトです。そのおかげで、今あなたが見ているわけです」

夢を見たときから夢は叶っています。あとは、その夢に共感してくれる人と一緒に夢までの道のりを楽しむこと。**仕事においては何をするかも大切ですが、誰と取り組むのかも大切です。一緒に喜びを分かち合う人がいてこそ頑張れます。**

わ

わかっているのとできるのは違うこと

本を読む、人に教わるなどしても、実際に「その学んだ教え」を実行する人は少ないもの。

わかっていてもできないのには2つ理由があります。まず、「やろうと思えばできる」と思っているから。そして、「いつかやればいい」と考えています。その「いつか」はやってこないため、いつまで経っても行動しません。次に、「できない自分と向き合うのが怖いから」。いざ教わったことを実行しても、うまくいかないこともあります。そのような自分に気づくのが怖いため、教わったことをやろうとしません。けれど、何事も実践して、失敗を繰り返してできるようになるものです。

■ 人生で一番知って良かったことは？

■ 良いとわかっていても行動できないことは？

■ それをするにはどうすれば良いか？

■人生で一番知って良かったことは？

行動することの大切さ

どんな状況でも自分を信じること

■良いとわかっていても行動できないことは？

相手のことを考える、迷わずに助けること

毎日日記をつけること

■それをするにはどうすれば良いか？

相手について考える時間（余裕）を作る、まわりを気にしない

いつも日記を持ち歩く、起きたらすぐに記録する

本当に相手のことを思って行動したことは相手に伝わります。遠慮しないこと。

●あわせて読みたい名言

■「本を何百巻読んでも、本ものにはなれない。本は頭を肥やすが、足は少しも肥やしはしない。足からきた悟りが、本ものである。（坂村真民）」

■「教えてもらったことは忘れる。自分が盗んだものは忘れない。（小野二郎）」

■「いくつになってもわからないものが人生というものである。わからない人生を、わかったようなつもりで歩むほど危険なことはない。（松下幸之助）」

私は1年間にビジネス書を300冊以上読みますが、どの本も書いてあることは一緒。「目標に向かって努力し続けること」「相手の立場になって考えること」といったことです。そのように自覚していても、さらに何冊も本を読むのは、その大事なことを忘れてしまうからです。

スポーツの世界では1つのプレーを習得するのに1万回かかると聞いたことがあります。これと同じように、私は本を読み続けることで復習しています。良書があれば繰り返し読み、実践することで自分の血肉となります。

偉大なことを成し遂げた人ほど、基本的で大事なことをおろそかにしません。画家のピカソは次のような7つの助言を残しています。

「①必ずできると信じろ　②限界を超えろ　③『その時』を待つな　④動け　⑤正しく問え　⑥ジャッジせず、隠された美を見ろ　⑦遅すぎるなんてことはない」

どれも人生で大切なことばかりですが、あなたはできていますか。

すぐに行動できるように、これまでのワークシートの答えを振り返って、あなた自身の目標を確認しましょう。

5 目標を達成するのに必要なものは？

---

6 結果を手に入れるのを妨げているものは？

---

7 結果を手に入れることで、どんな意味がありますか？

---

8 最初の一歩としてできることは？

YOUR WORK SHEET

1 あなたの手に入れたい結果は？

2 それが手に入ったことはどのようにしてわかりますか？

3 その結果はいつ、どこで、誰と達成しますか？

4 その結果を達成するとどうなりますか？

解答例 1

1 あなたの手に入れたい結果は？

健康的になれるダンス（ラジオ体操のようなもの）を作ること

2 それが手に入ったことはどのようにしてわかりますか？

テレビで紹介されて、
たくさんの人が踊っている様子を見て

3 その結果はいつ、どこで、誰と達成しますか？

20××年8月、東京で運動に関する
専門家と協力しながら

4 その結果を達成するとどうなりますか？

楽しくなる

5 目標を達成するのに必要なものは？

体に関する専門的な知識、ダンスの技術、
諦めないこと

6 結果を手に入れるのを妨げているものは？

まだ本格的に着手できていないこと（知識不足）

7 結果を手に入れることで、どんな意味がありますか？

人に役立つことが出来てうれしくなる

8 最初の一歩としてできることは？

筋肉についての本を読む

解答例２

1 あなたの手に入れたい結果は？

英語が話せるようになること

2 それが手に入ったことはどのようにしてわかりますか？

TOEIC で８００点以上をとる

3 その結果はいつ、どこで、誰と達成しますか？

1年後

4 その結果を達成するとどうなりますか？

一人で海外に行ける、仕事の幅も広がる

5 目標を達成するのに必要なものは？

英会話教室に行く、毎日３０分勉強、
通勤中にリスニングする

6 結果を手に入れるのを妨げているものは？

つい後回しにしてしまっている

7 結果を手に入れることで、どんな意味がありますか？

海外で英語を話すときに困らない
老後、海外移住できる

8 最初の一歩としてできることは？

英会話教室に入会する

け

こ

さ

し

す

せ

そ

た

ち

つ

て

と

MAKE YOUR OWN RULES

あなただけの「あかさたなはまやらわ」の法則を作ってみよう

あ

い

う

え

お

か

き

く

む

め

も

や

ゆ

よ

ら

り

る

れ

ろ

わ

な

に

ぬ

ね

の

は

ひ

ふ

へ

ほ

ま

み

おわりに……20代という〝貴重な時間〟を大切にするために

私が20代の頃を振り返り、1番誇れることを挙げるとするなら、「心の底からやりたいと思うことに、チャレンジしたこと」です。

たくさんの大学生と出会い、セミナーや講演をしたり、本を出版したり、学生の頃の自分からは想像できないようなことをしてきました。

自分が本当にやりたいことをするなら覚悟が必要になります。時には、覚悟が揺らぐような失敗をすることもあります。とはいえ、あとでその経験は必ず自分の支えになることでしょう。たとえ失敗しても、努力した経験が無駄になることはありません。

今の私であれば、「もっと頑張れたのではないか」と思うことさえあります。やりたいと思っていたのに、「時間がない」「経験がない」「能力がない」と勝手に自分で限界を設け、挑戦しなかったこともありました。

何か新しいことに挑戦するのに大切なことは年齢でもなく、経験でもなく、能力でもありません。「やり遂げる」という気持ちを持ち続けること。うまくいかないときでも、将来が不安なときでも、自分を信じ続けて、目標を達成するまで挑戦し続けること。もしも、途中で辞めてしまったら、きっと後悔するでしょう。人はやったことよりも、やらなかったことに後悔します。

あなたに少しでもやりたいと思うことがあれば、挑戦してください。誰よりも自分の可能性を信じ続けてください。もしも、うまくいかないときがあれば、「あかさたなはまやらわ」の法則を思い出してください。きっと目の前の壁を乗り越えるために役立つことでしょう。

最後に20代という人生に一度しかない貴重な時間を大切にできるように、「20代の君に伝えたかったこと」を紹介します。

田口久人

20代の君に伝えたかったこと

君が思うよりも可能性がある
視野を広げるだけで手に入れられる
君が思うよりも年齢は関係ない
本気で取り組めば経験を凌駕《りょうが》できる
君が思うよりも忙しくない
信頼を失わないように約束を守ろう
君が思うよりもまわりは見ている
いかなるときでも手を抜かないこと
君が思うよりも仕事は楽しい
お金をもらいながら学ぶことができる
君が思うよりも意味のない仕事はない
喜んでくれる人がどこかにいる

君が思うよりも限界は先にある
自分で決めつける必要なんてない
君が思うよりも助けてくれる人がいる
心を開いて相談してみよう
君が思うよりも笑顔は素晴らしい
君が笑うだけで相手も笑ってくれる
君が思うよりもすごい人はそばにいる
まわりの人を知ろうとしよう
君が思うよりも今は幸せ
当たり前のことに感謝しよう
君が思うよりも家族は大切
あと何回話すことができるだろう

君が思うよりもお金は大切
何をするにしても必要
君が思うよりも失敗は悪くない
その後どうするかが大切
君が思うよりもすぐに結果は出ない
焦らずに耐えなければならない
君が思うよりも運は大切
引き寄せるには努力しかない
君が思うよりも深刻な悩みはない
君よりも悩みを抱えている人はいる
君が思うよりも理不尽なことが多い
どのように受け止めるかが大切
君が思うよりもチャンスはある
逃さないように準備しておこう

君が思うよりも世界は広い
知らないことがたくさんあるから飛び込もう
君が思うよりも勝敗を気にしなくていい
自分が満足しているかどうか
君が思うよりもまわりに合わせなくていい
「違い」こそが君らしさだから
君が思うよりもやり直せる
諦めなければ何度でも挑戦できる
君が思うよりも真剣じゃない
一度きりの人生を後悔しないように
君が思うよりも人生は楽しい
辛いこともあるけど楽しいこともある
君が思うよりもあっという間に時は過ぎる
本当にやりたいことを見つけて取り組もう

【参考文献一覧】

書籍より

・『愛することは許されること』渡辺和子著、PHP研究所

・『美点凝視の経営 障がい者雇用の明日を拓く』渡邉幸義著、致知出版社

・『頑張りすぎないほうが成功する』中谷彰宏著、ダイヤモンド社

・『私何だか死なないような気がするんですよ』宇野千代著、集英社

・『成功の法則92ヶ条』三木谷浩史著、幻冬舎

・『カーネギー名言集』デール・カーネギー著、創元社

・『カシコギ』趙昌仁著、サンマーク出版

雑誌より

・『致知』2002年2月号/2011年11月号、致知出版社

・『プレジデント』2004年10・18号、プレジデント社

その他、各種の書籍、雑誌、資料、ウェブサイトを参考とさせていただきました。

20代《だい》からの自分《じぶん》を強《つよ》くする
「あかさたなはまやらわ」の法則《ほうそく》

著　者——田口久人（たぐち・ひさと）
発行者——押鐘太陽
発行所——株式会社三笠書房
〒102-0072 東京都千代田区飯田橋3-3-1
電話：(03)5226-5734（営業部）
：(03)5226-5731（編集部）
http://www.mikasashobo.co.jp
印　刷——誠宏印刷
製　本——若林製本工場

編集責任者　長澤義文
ISBN978-4-8379-2615-3 C0030

T30220

三笠書房

「気の使い方」がうまい人
相手の心理を読む「絶対ルール」

山﨑武也

なぜか好かれる人、なぜか嫌われる人
——その「違い」に気づいていますか?

「ちょっとしたこと」で驚くほど人間関係は変わる! ●必ず打ちとける「目線の魔術」 ●相手に「さわやかな印象」を与えるこのしぐさ ●人を待たせるとき、相手の〝イライラ〟を和らげる法…など誰からも気がきくといわれる話し方、聞き方、接し方のコツを101紹介。

何を着るかで人生は変わる
「センス」よりも、大切なこと

しぎはらひろ子

その服、着ているだけで損します。
コーディネート、もう迷わない!

捨て方、買い方、揃え方……理想のクローゼットがこの1冊で完成! もっと自分らしく、自由に、心地よく、アクティブに生きるために。必要な服は、こんなに少しでいい。
☆チャートで診断!「おすすめブランド一覧」付き。

賢く「言い返す」技術
攻撃的な人・迷惑な人・「あの人」に

片田珠美

かわす・立ち向かう・受け流す——

自分を守る〝策〟を持て!

〝言い返す技術〟。これは、相手と「同じ土俵」でやり合うためのテクニックではない。相手の攻撃を〝空回り〟させたり、巧みに反撃したりして、もう二度と繰り返させないための〝賢い方法〟である。この対策で、人間関係の悩みなど消えてしまうはずだ。(著者)

T30221